本书系福建省社科基金一般项目最终成果
（项目批准号：FJ2018B011）

本书出版获集美大学高原学科经费资助
（项目编号：Z01820）

人工智能
与著作权制度创新研究

罗施福　孟媛媛◎著

Wuhan University Press
武汉大学出版社

图书在版编目（ＣＩＰ）数据

人工智能与著作权制度创新研究 / 罗施福，孟媛媛著 . — 武汉：武汉大学
出版社，2021.11

ISBN 978-7-307-22616-6

Ⅰ.人… Ⅱ.①罗… ②孟… Ⅲ.人工智能—著作权法—研究—中国
Ⅳ.D923.414

中国版本图书馆 CIP 数据核字（2021）第 196504 号

责任编辑：黄朝昉 责任校对：姜程程 版式设计：中北传媒

出版发行：武汉大学出版社 （430072 武昌 珞珈山）

（电子邮箱：cbs22@whu.edu.cn 网址：www.wdp.com.cn）

印刷：天津雅泽印刷有限公司

开本：710×1000 1/16 印张：14.75 字数：190 千字

版次：2022 年 1 月第 1 版 2022 年 1 月第 1 次印刷

ISBN 978-7-307-22616-6 定价：60.00 元

目　录
— CONTENTS —

第一章　人工智能与问题范围设定

一、人工智能与人类生活图景

人类作为地球上独特的存在，经历了数百万年的发展。在人类历史发展的长河中，人类始终以"万物之灵"的身份自居，并以其特有的"人类智慧"不断地改造自然、超越自然，进而试图在这种改造与超越中解放自己。从石器、青铜器、铁器、蒸汽机、内燃机、发电机，再到计算机、网络，人类的每一次"智慧创造"都是人类自我解放与生活品质提升的起点。从某种意义上，我们可以这样断言：人类的每一个时代都是由一项或多项新的人类"智慧创造"所引领的。这些"智慧创造"所蕴含的巨大变革性，大到改变自然界的物种，小到改变我们的身体。然而，迄今为止，没有一种人类的"智慧创造"能够与人工智能相媲美，并如此深刻地影响着人类的生活图景。

从人工政务到政务智能化，从政务智能化到智能政务；从人工金融到金融智能化，再到智能金融……相同或者类似的领域还有工业生产、交通运输、医疗养老、销售物流等，人工智能的具体应用场景已经呈现出多元化与立体化的趋势。如果我们稍微留意下我们周边的生活，我们就能够感受到人工智能对我们生活与生存的嵌入——购物、出行、教育、娱乐、医疗乃至我们的情感。

　　人工智能能够为我们创造"前所未有"的购物体验。在全面嵌入智能化的"新零售"情境下，以往那种粗放式的购物模式被改变，消费者在购物过程中能够体验智能化系统给人带来的方便与舒适；对于消费者"货比三家"的消费需求，人工智能可以瞬间实现"货比三十家"乃至"货比百家"。比如，亚马逊公司开设的无人便利店 Amazon Go，是集合计算机视觉、图像分析、无线射频识别、深度学习算法、在线支付等技术的人工智能系统，颠覆了传统便利店的运营模式。在 Amazon Go 中，消费者只要在进入商店时使用相关的移动应用程序，通过扫描二维码、指纹或刷脸等方式进店，获得进店授权后，便可在店内享受到全程为智能化而设计的、即拿即走的便捷式购物体验。①

　　在出行方面，智能驾驶或将使"马路杀手"成为历史，城市交通系统的安全和效率将彻底被改变。智能驾驶从实验室走出并进入公众视野，将对传统驾驶汽车领域产生颠覆性革命。在智能驾驶体系下，驾驶者的双手将从方向盘上彻底解放，那些因为醉驾、疲劳驾驶、带着不良情绪驾驶等造成的人间悲剧，或将不再发生。安全、舒适、便捷、高效的出行体验正在实现。比如，2015 年，梅赛德斯 - 奔驰公司发布了一款 F015概念汽车。在这款汽车中，驾驶者可以选择自己驾驶汽车，也可以选择由汽车智能驾驶；此时，驾驶者可以自由进行各种工作，甚至把驾驶座椅进行 180° 的旋转；而汽车可以自行安全地行驶至设定的目的地。在遇到横穿马路的行人时，汽车会自动制动，用语言和提示箭头提示行人通过。车厢内的三面都安装有触摸屏，且与网络连接，乘客可以在乘车过程中通过触摸屏幕实现人与车及外界的联系，包括给汽车加速或减速、

---

① 刁生富，吴选红，刁宏宇.重估人工智能与人的生存［M］.北京：电子工业出版社，2019：72.

控制音乐、打电话、玩游戏，甚至欣赏影视剧等。[①] 2017 年 7 月，百度公司总裁李彦宏乘坐无人驾驶汽车在北京五环公路上顺利前行；2017 年 12 月，百度公司无人驾驶汽车 Apollo 在雄安新区进行测试，可以在路况较复杂（如城市、环路及高速道路混合）的情况下实现全自动驾驶，最高速度可达 100 千米 / 小时。[②] 2020 年 6 月，滴滴公司携手沃尔沃公司在上海试运行"无人驾驶出租车"。这些自动驾驶出租车能够"智能地"穿越隧道，"智能"刹车或者"智能"转弯以避让障碍物或者危险物，智能地停靠与承接乘客……

人工智能在医疗领域的运用已经非常广泛，包括疾病预测、药物研发、临床诊断、辅助决策、医学影像、病历与文献分析等。相较于传统的医疗模式，人工智能医疗兼具提升工作效率、降低工作强度、提高就诊准确率等优势。比如，美国科技巨头 IBM 公司与美国斯隆－凯特琳癌症中心合作，从 2012 年开始打造一位人工智能医生"沃森"（Watson）。通过培育与资料学习，"沃森医生"不仅成为一位医学影像专家，还成为一位肿瘤专家。与人类相比，"沃森医生"的"特异功能"极富超越性，例如，它可以在 17 秒内阅读医学专著 3469 本、学术论文 248000 篇，检索实验数据 61540 次，分析临床医学报告 106000 份等；它甚至通过了美国职业医师资格考试，曾花 10 分钟诊断出一名 60 岁女性患者患有罕见的白血病，10 秒钟开出一张胃癌局部晚期的诊疗方案分析单。[③] 2018 年，北京柏惠维康科技有限公司的"睿米"（Remebot）神经外科手术机器人

① 王文革 . 人工智能关我什么事［M］. 北京：北京时代华文书局，2019：137.

② 百度"阿波罗计划"取得巨大突破，"无人驾驶汽车"即将到来！［EB/OL］.（2018-04-23）［2020-07-11］. https://baijiahao.baidu.com/s?id=1598457433045519826&wfr=spider&for=pc.

③ 王文革 . 人工智能关我什么事［M］. 北京：北京时代华文书局，2019：78.

正式获得 CFDA 三类医疗器械审查批准。面对脑出血、脑囊肿、癫痫、帕金森等十余类神经外科疾病，"睿米"机器人都能够出色地完成精准定位。2019 年 12 月，南昌大学第二附属医院利用"睿米"神经外科手术机器人成功完成经皮穿刺三叉神经球囊压迫术。① 这是江西省首例机器人辅助手术。据互联网数据中心（IDC）统计，到 2025 年人工智能在医疗健康行业的应用市场规模将达 254 亿美元。②

在新闻创作领域，人工智能更是创造了诸多"神话"。2017 年，中国地震台网机器人在四川九寨沟地震后仅用 25 秒写出速报，且信息完整，参数准确；2018 年，俄罗斯举办世界杯足球赛期间，AI 机器人张小明在 16 天内撰写了 450 多篇体育新闻，且与直播同步发布；2016 年，第一财经媒体实验室与阿里巴巴联合推出写稿机器人"DT"稿王，帮助财经记者迅速写稿……这些之所以是神话，是因为这些工作量在人类正常的工作强度下是无法完成的。但对于人工智能而言，这些都能够轻松搞定。这些从事"文学创作"的人工智能，不仅擅长写财经、体育、科技等领域的新闻稿件，更可以"创作"出具有强烈情感色彩的诗歌、散文、音乐等"作品"。据报道，美国的画廊和博物馆曾展览过特殊的"美术作品"，这些美术作品的特殊之处在于其"创作主体"是人工智能，而这些作品的内容与形式极具艺术性和美观感。③ Google 公司的智能机器人可从事"智能翻译"这一具有人类智慧创作特质的工作，且翻译的质

① 况莹.南昌大学第二附属医院：机器人手术台"主刀"填补省内空白［EB/OL］.（2019-12-18）［2020-6-11］.http://jx.people.com.cn/n2/2019/1218/c186330-33643801.html.

② 曹建峰.人工智能治理：从科技中心主义到科技人文协作［J］.上海师范大学学报（哲学社会科学版），2020，49（5）：98-107.

③ 熊琦.人工智能生成内容的著作权认定［J］.知识产权，2017（3）：3-8.

量符合基本语法规则。① 我国腾讯公司的新闻写作机器人 Dreamwriter 能够根据用户的个性化需求而"创作"出文风各异、内容多样的新闻报道版本。②

…………

对于人类而言，人工智能以辅助的方式强大了人类，如使人类的双手"延长"了，视觉"丰富"了，时空障碍"消除"了……不仅如此，人工智能作为一种革命性力量，在人们还没有来得及做好充分迎接准备的时候，就已经全面渗透到人类的生存与生活的方方面面，已经并将持续影响着人类的生活形态、精神世界、发展空间。诚如学者所言，"这只标志着故事的开始，而非结束"。③ 想想人类社会发展的第三纪，促成它的催化剂虽然是书写与车轮，但更具里程碑意义的是，它所掀起的所有（连锁）变化。这些技术让我们形成了民族国家，制定了法律法规，组建了法庭，催生了律师职业的兴起，而修建道路，则带来平民流动以及文化的融合……或许，正是在这样的意义上，才有人断言：人工智能时代是知识革命时代，是生产力结构彻底颠覆的时代，是人类体力劳动、脑力劳动全面解放的时代。或许，简单的词语已经无法准确地形容人工智能给人类的生活图景所带来的颠覆性变化，但毫无疑问，人工智能正在以其强大的"智能"优势，成为"一种力量，一种生机勃勃的精灵"，重塑着人类生存与生活的一切，甚至包括人类本身。④

① 白帆.机器人"记者"享有著作权吗［N］.中国新闻出版报，2015-02-11（6）.

② 蒋枝宏.传媒颠覆者：机器新闻写作［J］.新闻研究导刊，2016，7（3）：46.

③ 瑞希.人工智能哲学［M］.王斐，译.北京：文汇出版社，2020：263.

④ 刁生富，吴选红，刁宏宇.重估人工智能与人的生存［M］.北京:电子工业出版社,2019:2.

二、人工智能的类型与特质"遐想"

人工智能无处不在，它无时无刻不在影响着我们的生存方式与生活图景，但人工智能到底是什么呢？

如果望文生义，或许可以将人工智能解读为"人工 + 智能"。它可以被理解为人工创造出具有"智能"的"存在体"。"智能"就是智慧与能力的合称，包含着智慧过程与智能过程，即从感性知觉到理性思维、直觉、灵感的过程为智慧过程，再由智慧指导行为表达的过程。[①] 然而，看似简单的术语背后，却有着迥异的解读与认知。

以色列刑法学家加布里埃尔·哈列维（Gabriel Hallevy）认为人工智能就是模拟人的思维方式的软件系统，并借助计算机或其他设备来实现特定功能。[②] 美国科学家史蒂芬·卢奇（Stephen Lucci）等人认为：人工智能的前提是人，没有人，就没有人工智能；人工智能是综合组合，即由人类（People）、方法（Method）、机器（Machine）和结果（Outcome）等要素组合而成的综合性承载体。[③] 蔡瑞英等教授认为：人工智能就是用人工的方法在机器（计算机）上实现的智能，或者说，人类智能在机器上的模拟。[④] 美国的尼尔斯·约翰·尼尔森（Nils J. Nilsson）认为：人工智能是关于人造物的智能行为，而智能行为包括知觉、推理、学习、交流和在复杂环境中的行为。[⑤] 美国麻省理工学院人工智能实验室马文·明斯基（Marvin Minsky）教授认为：人工智能就是让机器去做那些需要

---

① 刁生富，吴选红，刁宏宇.重估人工智能与人的生存［M］.北京:电子工业出版社,2019:4.
② HALLEVY G. The Criminal Liability of Artificial Intelligence Entities-from Science Fiction to Legal Social Control［J］. Akron Intellectual Property Journal, 2010, 4（2）:171-175.
③ 卢奇，科佩克.人工智能:第2版［M］.林赐，译.北京:人民邮电出版社, 2018:前言.
④ 蔡瑞英，李长河.人工智能［M］.武汉:武汉理工大学出版社, 2003: 2.
⑤ 尼尔森.人工智能［M］.郑扣根，庄越挺，译.北京:机械工业出版社, 2002: 1.

人类智慧来做的事情，以适度代替人类的智慧工作负担。① 还有学者认为：人工智能是与"自然智能（natural intelligence）"相对应的"机器智能（machine intelligence）"；自然智能是人类或其他动物所特有的"智慧"表现；机器要实现智能，就必须能够如自然智能那样感知其所处环境，并根据环境变化自主做出反应；能够实现这种感知与反应的机器都可以称为人工智能。形象的比喻是，当一台机器能够模拟"感知"或者"认知"出人类与人类之间相互关系与联系时，就认为该机器具备了特定的智能属性。②

以上关于人工智能的理解表明，人工智能是以人为参照系而建构起来的概念。人工智能首先是人类的"工作"与"创造"的产物。这也是为什么人工智能被冠以"人工"的原因。在本质上，人工智能是人类智慧的弥补、延伸与增强的技术元素，是人类在感知世界、认识世界与改造世界过程中试图在人工创造物中模仿与再现人类智慧的一种努力与尝试，是以人类智慧为原型与模板的一种技术再现。"技术元素的发展虽然具有一定程度的自主性，但是，它的发展轨迹从某种意义上来说是人类意志的体现……人工智能是人类智能意志迁移的结果……是基于满足人类深层目的的价值追求"。③ 在人类智慧创造人工智能之后，人工智能的"智能"程度在人类智慧的积累中不断"进步"与强化。在与人类的个体智慧的对比中，人们发现人工智能的"智能"程度，在很多方面都已经达到甚至超越人类智慧的程度。2016 年 3 月，谷歌公司的围棋人工智能

① CALLAN R. 人工智能［M］.黄厚宽，田盛丰，邓大勇，等译.北京：电子工业出版社，2004：5.

② 詹可. 人工智能法律人格问题研究［J］.信息安全研究，2018，4（3）：224-232.

③ 刁生富，吴选红，刁宏宇.重估人工智能与人的生存［M］.北京：电子工业出版社，2019：6.

AlphaGo 以 4：1 的成绩战胜了韩国围棋九段高手李世石；2017 年 5 月，AlphaGo 又以 3：0 的成绩战胜了被称为"世界围棋第一人"的中国九段棋手柯洁……于是，人工智能是否应当在法律层面上给予特别关注的命题被不断地提及与追问。

在与人类智慧的参照与比拟中，人工智能常常被区分为弱人工智能与强人工智能两种类型。①

弱人工智能的设定主要是指那些表现出与人类智能相类似的智能行为，但是，这些"智能行为"及其处理方式，却是基于人类的设计与指令。弱人工智能自身并不会有类似人类的意志、意识与思维，也不会有自主学习的能力。弱人工智能关注于人类的设计与指示能否得到正确的执行，并得到令人满意的结果。换言之，弱人工智能主要关注问题的解决，而不关注问题的解决方式。严格来说，如果我们将任何具有智能因素的载体或创造都纳入弱人工智能的话语体系中，那么，弱人工智能已经完全融入我们的生活中。如前文所述的各种人工智能应用，如室内温度智能调控系统、网络流量智能监控软件、电话自动应答服务系统、在线广告精准服务系统、自动驾驶汽车等，都是弱人工智能的典型。当然，这些弱人工智能都无法开启"思维"过程，不能提供超出人类智慧预定操作范围的结果。

显然，弱人工智能不是人们对人工智能遐想的极限。这不仅是因为弱人工智能已经被创造并被广泛运用，而且在于弱人工智能不具备"思维"能力，与人们想象力所能"窥及"的程度相差太远。与弱人工智能的设定不同，人们对强人工智能的遐想是：人工智能可以对人的意识、意志与思维的过程进行模拟，进而发展或"进化"到具备像人那样进行

---

① 也有学者将人工智能区分为弱人工智能、强人工智能与超强人工智能。

理性感知、思考理解等能力；强人工智能能够实现自主学习，能够解读文字、数据所包含的特别"语义"或者"含义"，认知并识别判断的规则与方法；能够解决各种不同领域的复杂问题，甚至可以形成"自己的思想、情感、烦恼与倾向"，并且能够自主支配"自己的思想、情感、烦恼与倾向"。在这种设定中，人工智能已经具备"人之所以为人"所应具备的"自主思维与意识能力"。也就是说，人工智能在精神思维与意识领域，可以达到与人类等同的程度。

当然，人类在意志、意识、思维、学习等方面的特定局限性，是人类不断创造，以拓展或者破除人类极限的动力所在。这也是人工智能不断被创造、不断进步的原因所在。正因为此，在人工智能的遐想中，还有超人工智能的假想或者遐想。在这样的遐想中，超人工智能不仅已经具备强人工智能的所有特殊异能，而且在所有领域全面超越人类自身，包括理解能力、思考能力、创造能力、进化能力等。有学者甚至认为：超人工智能可以或者可能代替人类作为地球上的主导"生命形态"。

类型化是人们认识世界与自身的重要方式，但类型化知识的困局在于：如何证明这种类型化的界限，以及这种界限的科学性与合理性。诚如人类认识自身，并从法律人格层面将自身区分为无民事行为能力人、限制民事行为能力人与完全民事行为能力人。但如何确定这三者界分的界限呢？如何证明这种界限的确认是科学合理的呢？与人类认识自身并进行界分相似的问题是，即便人们将人工智能区分为弱人工智能与强人工智能乃至超级人工智能，但这三者之间的界限在哪？比如，弱人工智能，尽管设定说不具有"思维与意识能力"，但是其在某些特殊领域已经全面超越了人类自身。前文所述谷歌围棋人工智能 AlphaGo 多次战胜人类围棋高手就是例证。这似乎意味着弱人工智能似乎也具有超级人工智能的某些特质。另外，人们将强人工智能是否具有意识与思维能力作为判断其是否应当被纳入强人工智能的基本标准，然而，即便是强人工智能具有人类所特有的意识与思维能力，但同样的问题是，这种思维能力是等同于幼儿、中小学生，还是成年人？

在笔者看来，弱人工智能的属性与特质并不能改变其本质——既是人类的智慧创造成果，也是人类学习与探索世界的工具。但是，强人工智能却能够从根本上改变人类的生存生态与生活图景，并在某种意义上改变或者试图改变人工智能的本质属性。正如学者所言：人之所以是人，是因为我们会使用工具。在人类历史上，工具的使用经历了三个发展阶段：火、农具、车轮。"这些工具确实改变了我们，改变了我们的生活方式，改变了我们作为一个物种的轨迹。今日的我们仿佛是被这些工具塑造的，而人工智能让我们再次思考:我是谁。"[1] 正是在这一意义上，本书所讨论的人工智能法律问题，主要是建立在强人工智能的假设的基础上。当然，弱人工智能已经在某种程度上被广泛运用，并且或多或少地具备强人工智能的某些特质。弱人工智能的这些特质将有利于观察强人工智能对人们生存与生活的影响维度与革新力度。在严格意义上，强人工智能是在弱人工智能的特质基础上进一步增强的结果。因此，本书的许多讨论仍然会以弱人工智能的特质作为参照谱系。

---

[1] 瑞希.人工智能哲学［M］.王斐，译.北京：文汇出版社，2020：1.

三、人工智能的风险忧虑与治理之问

马克思关于人的本质有句名言："人的本质不是单个人所固有的抽象物，在其现实性上，它是一切社会关系的总和。"[1] 在人复杂的网络关系中，包含着人与人，以及人与自然、人与社会的关系。人与自然、人与社会的关系始终都是人们关注的焦点。

严格而言，人与人工智能之间的关系就是人与自然关系的一个简化与缩影。在人工智能之发端，人们对于人工智能的希冀与期待是"延展、拓宽、丰富人类智能"。事实证明：随着科技的发展，信息化、自动化与智能化在不断地强化，在被广泛运用，人类从事繁重体力的负担得以消解，而且在生活方式、生存形态、思想理念、自由意志等方面都获得了改进与提升。有学者认为："21 世纪以来，与人类未来命运最为密切相关的大事莫过于人工智能和基因工程的惊人发展，这些技术将给人类带来存在论级别的巨变。"[2] 然而，值得注意的是，随着人工智能的全面发展，人与人工智能之间的关系被不断地赋予新的元素与新的特征，人工智能与人之间的冲突问题逐渐显现。比如，人工智能是人的工具，抑或人是人工智能的奴隶。

如果细心些，或许人们很容易在每天的资讯动态中发现一些颇为矛盾的短语或者概念："机器人，职业，人工智能，有意识的计算机，超级智能，丰裕的未来，失业的未来，'无用的'人类，稀缺性的终结，创造性的电脑，机器人霸主，无限的财富，劳动的终结，永不得翻身的下层

---

① 刁生富，吴选红，刁宏宇.重估人工智能与人的生存［M］.北京：电子工业出版社，2019：227.

② 赵汀阳.人工智能"革命"的"近忧"和"远虑"：一种伦理学和存在论的分析［J］.哲学动态，2018（4）：5-12.

阶级"①……这些都是人们关于人工智能的表述，代表着很多复杂而矛盾的态度与情感：有时候是一种积极的态度，充满着期待，但更多的时候是一种忧虑与可怕的情绪，甚至是反乌托邦的。这是因为在人工智能带给人们"欣欣向荣"的生活图景外，还隐藏着诸多的风险，并可能对人类的生活愿景造成冲击甚至破坏。

作为这个世界最高级的智慧生物，人类在创造与发展人工智能的过程中，意识到人工智能的风险，并甄别、挖掘与预判这些风险的性质与类别是有益的。在学者眼中，人工智能所带来或者隐含的风险，可以区分为"远虑"与"近忧"。"远虑"是面向未来，多多少少带着人们的一些猜测与臆想；而"近忧"是面向现实，是多多少少已经真真切切地发生的生活图景。

概而言之，人工智能带来的典型性"近忧"主要有：

（1）智能驾驶的悖论。即假如智能驾驶的汽车（当前的技术只能实现无人驾驶，暂无法实现完全自主的智能驾驶）在道路上行驶，遇到违规的行人，则此时应优先保护乘车人，还是优先保护违规的行人？最理想的方案肯定是自动驾驶汽车能够"智能地"规避交通事故，从而实现两者均不遭受损害的"两全其美"的结果。事实证明：这种两全其美的结果不一定能发生。2018 年 3 月，Uber 自动驾驶汽车的视觉系统未及时识别马路上突然出现的行人而导致交通事故。这是人工智能算法设计或者实施错误导致的。然而，即便是算法设计或实施不发生错误，那么，如果在当时情境下交通事故无论如何都不可避免时，智能汽车应如何"选择"，或者说智能驾驶规则应当如何设计？这是两难的伦理选择题，也是重要的法律命题。

---

① 瑞希.人工智能哲学［M］.王斐，译.北京：文汇出版社，2020：卷首语.

（2）算法偏见与歧视。人工智能算法已经广泛运用于个性化推送，如精准广告以及需要进行法律主体信用风险识别与评估的领域，如信贷、保险、理财、犯罪评估等领域。但是，算法设计却可能潜藏着设计者或明或暗的种族歧视与政治偏见。例如，有研究表明，使用 Northpointe 公司开发的犯罪风险评估算法 COMPAS 时，黑人的高犯罪风险的概率，被评估为高于白人两倍。[①] 人工智能算法种族歧视或政治偏见，可能是人工智能的设计者或者开发者的主观"故意"选择的结果，也可能是"无意"的"自觉倾向"，并将其自身隐含的种族歧视与政治偏见嵌入人工智能的算法系统设计中。当然，也可能是数据收集不完整、不充分而导致人工智能在接受数据训练时形成了歧视与偏见。人工智能算法的偏见与歧视，可能进一步促发或增强人与人之间的歧视与偏见，进而激化人与人之间的鸿沟与隔阂。

（3）网络攻击与瘫痪。网络对于人们工作与生活的重要意义，几乎是不言自明的。有人曾言：网络是上帝送给人类最完美的礼物。也有人说，现代意义上的文盲，不再是那些不识文字、无法阅读的人，而是不懂网络、无法使用智能设备、无法适应信息时代的人。然而，许多的网络软件或应用产品存在着漏洞或者后门等风险。在传统的网络攻击中，实施网络攻击的工具或者载体（即恶意软件），主要是由网络攻击者人工编写完成的，即通过人类智慧编写软件脚本，进而组成计算机病毒和木马程序，并利用 Rootkti、密码抓取器等工具或者渠道实施恶意软件的分发与攻击执行。但是，人工智能技术可以使得这些恶意软件的编写以及网络攻击的执行智能化、流程化。例如，人工智能技术可以通过插入

---

① 赵汀阳.人工智能"革命"的"近忧"和"远虑"：一种伦理学和存在论的分析［J］.哲学动态，2018（4）：5-12.

一部分对抗性样本，使得恶意软件通过对对抗性样本的学习与分析，能够"智能地"绕过安全产品的监测与拦截，进而实施网络攻击与破坏。更为智能的是，在人工智能技术的支持下，部分攻击性恶意软件可以根据金山毒霸、360 杀毒软件等安全产品的监测与截杀逻辑，实现恶意软件的"智能"迭代与改进（如更改代码与签名形式），以规避或逃避反病毒、反木马等安全产品的监测与截杀。这已经类似于自然界病毒的"反免疫能力"提升。2017 年 8 月，安全公司 EndGame 曾发布此类可以使得恶意软件"智能迭代与改进"的人工智能程序。实验表明，若通过该人工智能程序进行轻微修改，则恶意软件样本有 16% 的概率能够成功地绕过安全产品的防御监测或截杀。[①] 此外，人工智能还可以加剧网络攻击的破坏程度与力度。例如，网络攻击可以突破有限的地理与物理空间限制，使得网络攻击与破坏呈现规模化、深度化与碎片化。换言之，不论你（计算机系统、数字化材料等）是远在天边，还是近在眼前，都可能成为被攻击与破坏的对象。

（4）失业。对于人类而言，有一份工作或者一份事业，具有重要的意义。从基本生活保障来说，它意味着报酬，意味着是生活收入的重要来源。从精神需求与发展来看，工作能够使得人们的生理和心理上的能量得到发挥，技术得到锻炼与提高，能力与智慧得到认可与赞赏；可以均衡与协调人们的时间与精力配置；可以促进人际交往，接触各类人，熟悉各种人，并通过这种接触与熟悉来解决或者处理个人难以解决的问题；得到社会承认，获得相应的社会地位。简而言之，这是一个关乎人们"饭碗"的问题，也是关乎人们"社会地位"的问题。人工智能

---

① 中国信息通信研究院安全研究所.人工智能安全白皮书（2018 年）［R/OL］.（2018-09-20）［2020-12-21］. http://www.199it.com/archives/774218.html.

基于其对体力劳动甚至是脑力劳动的卓越性，对人类就业的影响显然是巨大的。牛津大学卡尔·弗瑞（Carl Benedikt Frey）及迈克尔·奥斯本（Michael A. Osborne）于 2013 年 9 月曾根据算法估计，美国有 47% 的人类工作岗位有很高风险被计算机（人工智能）所取代。① 近年来，许多城市以及大公司都在着力推进"机器换人"战略。无人驾驶、智能主播、无人超市……人工智能运用层出不穷。在这些现象的背后，意味着有许多人被人工智能所替代而被"失业"。"无论如何，人工智能导致的大量失业只是表面问题，真正严重的实质问题是失去劳动会使人失去价值，使生活失去意义，从而导致人的非人化。"②

（5）隐私成为"裸奔"的"隐私"。隐私是人类作为社会关系中的"关系人"基于羞耻、名誉等因素，不愿意被他人知道的所有信息与事项。羞耻感是自然人进入人类社会后的第一个本能表现，而名誉增强是人作为社会中的人的本能欲望。自人类抓起树叶遮羞之时起，隐私就已经作为一种社会性概念诞生了。隐私保护需求是人类羞耻感与名誉增强的进阶表现，意味着人不论是从主观意志还是从客观行为上都彻底告别了"混沌而野蛮发展"的动物界。无论是物质性的隐私，如身体的隐蔽部位、家庭住址，还是精神性的隐私，如爱恋状态、个人收入状况，于天理、伦理与法理，都应当是不可剥夺的自然权利。换言之，有没有"隐私"是文明人与野蛮"动物"之间最鲜明的识别性特征。然而，在大数据与人工智能深度融合的时代，B 超、CT 等医疗智能设备透视着我们的身体，智能手机时刻定位着我们的位置，车票、机票记录着我们的移

---

① 邓文钱.人工智能时代的风险隐忧和制度防范［J］.人民论坛，2020（34）：69-71.

② 赵汀阳.人工智能"革命"的"近忧"和"远虑"：一种伦理学和存在论的分析［J］.哲学动态，2018（4）：5-12.

动路线，摄像头无时无刻不拍摄着我们的一举一动……我们深陷于大数据与人工智能融合所建构起来的"圆形监狱"。[①] 在这个"圆形监狱"中，每个人都被人工智能"探测"、窥视与扫描，成为"毫无"自由与隐私的"透明人"与"空心人"。正如英国作家乔治·奥维尔（George Orwell）所描述的那样："无论你是睡着还是醒着，在工作还是在吃饭，在室内还是在户外，在澡盆里还是在床上——没有躲避的地方。除了你脑壳里的几个立方厘米，没有任何东西是属于你自己的。"[②] 这不是危言耸听，而是已经切切实实在发生着的景象。研究表明：有人依赖人工智能，通过特定病人的药物等信息就可以恢复或者判读病人的基因信息；有人针对人脸识别系统通过使用梯度下降方法实现了对训练数据集中特定面部图像的恢复重建；人工智能系统可以基于其采集到无数个看似毫不相关的数据片段、图片或者场景，经过深度挖掘与分析，识别出某个特定人的行为特征，甚至是性格特征等隐私信息[③]……所以，有人断言，在大数据与人工智能深度融合的时代，人的"隐私"若要称为"隐私"的话，那就要加上一个特定的形容词"裸奔"，即"裸奔的隐私"。这也就是说，在他人没有窥视你隐私意图的情况下，你的隐私才算是"你的隐私"，否则，就不是真正意义上的"隐私"。[④]

（6）"危险"的智能武器。武器是人类争夺资源而对抗或者战争的产

---

① 刁生富，吴选红，刁宏宇.重估人工智能与人的生存［M］.北京：电子工业出版社，2019：154.

② 奥维尔.一九八四［M］.陈超，译，上海：上海译文出版社，2018：30.

③ 中国信息通信研究院安全研究所.人工智能安全白皮书（2018年）［R/OL］.（2018-09-20）［2020-12-23］.http://www.199it.com/archives/774218.html.

④ 刁生富，吴选红，刁宏宇.重估人工智能与人的生存［M］.北京：电子工业出版社，2019：146.

物，其主要目的是杀伤或者致死"敌方"的作战生命存量，以及破坏或者损毁"敌方"的作战器械和装置。古代有弓、箭、刀、矛、剑、戟等"冷兵器"；近现代有氢氰酸、芥子气等化学武器，还有炭疽杆菌、鼠疫杆菌、霍乱弧菌、野兔热杆菌、布氏朴菌等生物武器，以及氢弹、中子弹、钴弹、冲击波弹、射线弹、贫化铀弹等核武器。在很大程度上，武器与战争进程息息相关，并能进一步影响一个地区或一个时代的政治版图。无论是攻击性的，还是防御性的，武器的存在都意味着杀伤与破坏。所以，我们可以这样断言，在最朴素的情感中，除非是迫不得已，人们绝对不希望使用武器。没有武器的世界，就意味着世界的和平与安宁，意味着没有杀戮、没有破坏。对于人类而言，智能武器可以代替人类参与战争。这使得"己方"战士可以从战争这种"赌命"的"游戏"中"解脱"出来。然而，"智能武器"如何识别"己方"与"敌方"呢？智能武器在获得"自主意识"之后，是否可能"自主地"将"己方"判断为"敌方"？

相比于"近忧"的真切性，以及"风险或者损害"的可控性与可预见性，"远虑"则更为彻底或者说更具有颠覆性。有学者认为：人工智能的超级形态，将是系统性的，而不是个体性的。系统性意味着这样的人工智能将以网络化、系统化的形式无处不在。这种无处不在从某种程度上讲，更是意味着无所不能，因为任何人的反抗都不再可能有效，特别是在人类的生存、生活与工作等全面依赖智能网络的情况下更是如此。换言之，硅基生命的人工智能最终将超越拟人模式而进入上帝模式，即成为像上帝那样无处不在的系统化存在；万物都将变成技术化的存在，此种存在升级意味着人类在世界存在系统中失去了地位，人类不再重要。① 超人工智能出现与广泛存在的结果，对于人类而言，或许不是人类当前期待的优化和改进人类的生存与生活，而更可能是一场灾难。② 不少人担心，人工智能可能造成"智能极权"、"新的专制"和"未来的失控"；③ 人工智能可能成为人类"最后的发明"，将导致"人类时代的彻底终结"；④ 人类文明数千年的创世纪将被终结，而成为历史遗迹；未来不再属于人类或者说不再是人类主导；人工智能将开启属于人工智能的"创世纪"。⑤

相比于纯粹地对人工智能发展与应用的过度呐喊、欢呼与追捧，人工智能风险话语显然更为理性与谨慎。这也表明人们对人工智能的思考更加科学与深入。这对于人工智能的发展以及人类福祉的创造与提升都是有益的。人工智能的风险话语，既有"现实的映照"，也存在着"臆想的成分"；人们总感觉到人工智能的风险"无处不在"，但是又好像"遥

---

① 赵汀阳. 人工智能"革命"的"近忧"和"远虑"：一种伦理学和存在论的分析 [J]. 哲学动态，2018（4）：5-12.

② 知名天体物理学家、英国剑桥大学教授史蒂芬·霍金在 2014 年 12 月接受 BBC 采访时指出：人工智能会威胁人类的生存，人工智能会以越来越快的速度进行自我改良，人类受限于漫长的生物演化，无法与之竞争；如果人工智能发展完成，可能会使人类灭绝。刁生富，吴选红，刁宏宇. 重估：人工智能与人的生存 [M]. 北京：电子工业出版社，2019：227.

③ 黑文斯. 失控的未来 [M]. 仝琳，译. 北京：中信出版社，2017；何哲. 人工智能会形成新的专制吗？：人类政治的历史与未来 [J]. 中共天津市委党校学报，2018（6）：3-10；梅立润. 人工智能到底存在什么风险：一种类型学的划分 [J]. 吉首大学学报（社会科学版），2020，41（2）：119-127.

④ 巴拉特. 我们最后的发明：人工智能与人类时代的终结 [M]. 闾佳，译. 北京：电子工业出版社，2016.

⑤ 赵汀阳. 人工智能"革命"的"近忧"和"远虑"：一种伦理学和存在论的分析 [J]. 哲学动态，2018（4）：5-12.

不可及"，而且"事不关己"。① 人工智能发展所引发的许多理论上的困惑或悖论，有政治学意义上的问题，也有伦理学、法律学等层面的问题。

　　基于人工智能风险呈现的忧虑，学者们从不同的视角提出了许多治理思路。有人认为，我们需要提前思考如何为人工智能设置技术的安全条件，以此来为人工智能的发展设置某个限度。直白地说，这种限度应以人类为参照，即人工智能的发展理性限度就是人工智能不应该具有否定人类存在与发展的能力或者可能。有学者认为，人工智能的发展问题最终将表现为政治问题。基于此，人类首先需要一种世界宪法，以及运行世界宪法的世界政治体系，进而解决包括人工智能发展等人类的集体理性问题。为人工智能设限的设想最终需要全球合作的政治条件才能够实现。② 实际上，只有"发展"与"治理"兼顾，"促进"与"限制"并重，人工智能才有可能真正成为"良善的技术"；促使人工智能成为"良善的技术"的责任还是需要由国家来承担。③ 也有学者建议，我们需要为人工智能设置或者建构道德伦理规则。人工智能要成为"可信任"和"负责任"的人类同伴，就必须在道德理论基础和预期价值方面和人类保持广泛的一致性，确保人工智能的自主推理能够考虑到人类社会道德和价值观。后果论（功利主义）、道义论（义务论）和美德论（美德伦理学）等都是规范伦理学的典型代表，不仅提出了人类道德行为规范，试图解决道德困境，还解释了道德教育，因此，将规范伦理学用于人工智

① 梅立润.人工智能到底存在什么风险：一种类型学的划分［J］.吉首大学学报（社会科学版），2020，41（2）：119-127.

② 赵汀阳.人工智能"革命"的"近忧"和"远虑"：一种伦理学和存在论的分析［J］.哲学动态，2018（4）：5-12.

③ 梅立润.人工智能到底存在什么风险：一种类型学的划分［J］.吉首大学学报（社会科学版），2020，41（2）：119-127.

能系统设计是完全可能的，而且是必要的。^①有学者指出，风险理论揭示人工智能存在着诸多现代性的负面影响，因此，人类有必要采取风险措施，如预防性行为和因应性的制度。这些风险措施或者制度性方案，应以人工智能的发展与规制并重为主轴，形成包括法律规则、政策规定和伦理规范在内的社会综合治理体系。^②

毫无疑问，人工智能对人类社会进步的促进是巨大的，影响是深远的。不论是欢呼雀跃，抑或是追问忧虑，这些都仅是人工智能影响人类的一个象征性代表而已。作为人类社会治理的智慧文明，法律制度应当在人工智能的发展中扮演着重要角色。健全有效的法律制度能够有力地促进与保障"智能向善"。尽管基于"现实映照"与"问题假想"而创制的法律制度，常常存在着"滞后性"的问题，但是，我们对社会发展的观察以及对人类命运的担忧，促使我们对人工智能带来的法律疑问与时代命题勤于思考，且思考结果能够更加具有前瞻性。面向智能革命时代，我们应围绕科学文明与制度文明相伴相生互促互进的主旋律，充分抓取、捕捉、挖掘、识别和梳理人工智能给现行法律带来的诸多困境与不适，积极思考，大胆尝试与创新，并最终创制出有利于人工智能健康、有序发展的法律规范体系。^③"我们所体验到的那种无能为力并不是个人失败的标志，而是反映出我们的制度无能为力。我们需要重构我们曾经有过

———————

① 孙福海，黄甫全，陈思宇，等.道德人工智能：基础、原则与设计［J］.湖南师范大学（教育科学学报），2021，20（1）：1-10.

② 吴汉东.人工智能时代的制度安排与法律规制［J］.法律科学（西北政法大学学报），2017，35（5）：128-136.

③ 吴汉东.人工智能时代的制度安排与法律规制［J］.法律科学（西北政法大学学报），2017，35（5）：128-136.

的这些制度，或者建立新的制度。"①

诚然，对于人工智能所引发或隐含的许多法律问题，也可能出现一种维特根斯坦式的现象：许多问题并非依法律规则予以解决了，而是问题不成为问题或者问题本身消失了。如果真的是如此，那么，过多地呼吁或者担忧人工智能的法律问题，似乎是"杞人忧天"，或者是"过分矫情"。但是，秉承着一种"忧虑"的审慎态度，积极思考，叩问人工智能的法律问题，无疑是负责的，也是理性的。

四、人工智能的著作权法问题

人工智能对法律的影响是全方位、多层面的。例如，在宪法领域，人们会有人工智能是否会颠覆"人生而平等"而将人变成三六九等的"身份等级人"的担心，以及人工智能会不会造成"新的集体主义"的忧虑。② 更有甚者，人工智能是否应当像人一样享有"宪法权利"？③ 在刑法领域，人工智能可能"自主"实施"智能犯罪"，那么，人工智能具有刑事责任能力吗？犯罪的主观样态在人工智能"智能化"犯罪中应如何认定呢？④ 在程序法意义上，人工智能可适用于犯罪侦查、司法鉴定、精准裁判等领域。有学者认为：法律人工智能的大规模运用表现出了唯公权力化倾向的危险。如侦查权、审判权、司法行政权高度膨胀和个人

① 吉登斯.失控的世界：全球化如何重塑我们的生活［M］.周红云，译.南昌：江西人民出版社，2001.

② 季卫东.数据、隐私以及人工智能时代的宪法创新［J］.南大法学，2020（1）：1-12.

③ 杨延超.未来，机器人会像人一样拥有"宪法权利"吗？［J］.法律与生活，2019（9）：44-45.

④ 陈京春.对人工智能的科学判断与刑法的理性应对［J］.上海政法学院学报，2020，35（6）：66-81.

信息权、辩护权、程序参与权的严重收缩。① 有学者深切地指出：对于人工智能运用于刑事诉讼应当警惕。这是因为"数据运用的昂贵与垄断可能恶化刑事被追诉人的处境；算法的偏见与隐蔽，可能增加司法决策不公的风险；技术的机械与瓶颈可能削弱司法工作者的能动性"。② 在劳动法领域，人工智能也促生了前所未有的两个难题：大量工作岗位被人工智能取代，那么，以保护劳动者利益为宗旨的劳动法"是否面临消亡的命运？"人工智能"抢了"人类的饭碗，"工人群体"正在形成。那么，人工智能需要劳动权益保障吗？③ 在民事法律领域，是否赋予人工智能以"法律主体资格"以及如何赋予其法律主体资格时，世界各国的哲学家、科学家、法律家一直都在激烈地争论。2016 年，欧盟委员会法律事务委员会向欧盟委员会提交动议，建议将最先进的自动化机器人的身份定位为"电子人"，明确赋予其"特定的权利和义务"。④ 此外，人工智能能结婚吗？人工智能有隐私权、肖像权吗？人工智能会死亡吗？人类的隐私权、肖像权在人工智能时代如何保护？如何认定人工智能的侵权责任分配与承担？类似的民事法律问题不断地被提及。

面对人工智能，我们确实有太多的问题需要有大的法律智慧给予积极回应。然而，限于知识积累与研究视野，笔者不论是在主观上，还是在客观上，都不能对如此多的法律问题进行尝试性的理论分析与论证。

① 李小猛.司法大数据和法律人工智能的唯公权力化倾向及应对：以私权保障为中心［J］.苏州大学学报（法学版），2020，7（4）：2-9.
② 卞建林.人工智能时代我国刑事诉讼制度的机遇与挑战［J］.江淮论坛，2020（4）：150-155.
③ 贝克.从工业社会到风险社会（上篇）：关于人类生存、社会结构和生态启蒙等问题的思考［J］.王武龙，编译.马克思主义与现实，2003（3）：26-45.
④ 吴汉东.人工智能时代的制度安排与法律规制［J］.法律科学（西北政法大学学报），2017，35（5）：128-136.

显然，不同的法律部门有着不同的使命与担当；不同的分析视角、不同的研究思路、不同的逻辑机理都意味着人工智能法律问题的研究重点有所区别。基于此，本书主要是围绕人工智能的著作权法问题展开讨论。

人工智能已然跨越科学领域，浸染文化艺术领域，继而给传统文学艺术产业的法律带来挑战。以著作权制度的支点（作品或者创作）为观察视角，我们可以发现：人工智能生成的"作品"或者说进行"创作"，实际上是包含了"输入—学习—输出"三个阶段。这不同于"人类中心主义"的著作权图景，而是一种与传统有别的"或然世界"或者说"后人类境况"。① 笔者认为，人工智能的著作权法问题主要集中在以下四个方面：②

第一，人工智能是不是作者？人工智能能享有著作权权益吗？之所以有这样的问题，缘于这样的情境：人工智能在既定的程序规则下，可以通过自主学习而"生成"足以与人类智慧创作相媲美的"作品"。可以说，人工智能在改变作品"阅读"方式的同时，也改变了作品的"创作"方式。"后人类时代"的作品创作，在一些领域、一定范围是"数据驱动的创作"（Data-Driven Creativity）或者说"算法创作"（Algorithm for

---

① 吴汉东 . 人工智能生成作品的著作权法之问［J］. 中外法学，2020，32（3）：653-673.

② 严格而言，人工智能的著作权法问题至少应包括以下三个层面的问题：第一，人类创造的人工智能技术（包括人工智能应用程序），能否适用著作权法的保护？这实际上是传统著作权法能够回答的问题。第二，我们如何利用人工智能促进与提升著作权法的适用与优化？比如，我们应如何通过人工智能技术，提升著作权侵权的证据获取，增进著作权法在具体个案中适用的统一性，等等。这更多的是技术层面上的问题，而非法律层面上的问题。第三，人工智能促生的著作权法新命题。如人工智能能否成为作者？人工智能能享有著作权法权益吗？鉴于第三个层面的问题对现行著作权法提出了较大的挑战，且需要在一定程度上对现行著作权制度进行突破与革新，故本书重点讨论第三个层面的问题。

Authorship）。^① 在人类较少干预，甚至是不参与的情况下，人工智能可以根据人类的审美标准以及爱好，大批量地生成人类可理解的内容，如文字作品、美术作品、音乐作品、视听作品等。在当前的著作权法框架下，只有自然人才是作者，而人工智能并不是"自然人"。对于人工智能的生产者或者设计者而言，人工智能"生成物"并不是在其智慧创造的范围内。这就需要回答或者讨论人工智能是否被承认为著作权法意义上的"作者"。如果是作者，人工智能应享有怎样的权益？这实际上是"人类创作实体"的崛起，对"人类创作中心主义"带来的法律考问。如果我们承认了人工智能作为创作主体的可能性，就意味着我们在"矫正""人类创作中心主义"的绝对思想和偏差行为，建立类人类创作与人类创作的"二元创作主体结构"。^② 这样的设想，绝对是革命性与颠覆性的。

第二，在人工智能时代，著作权法传统意义上的理论基石，是否被动摇？长期以来，劳动理论、人格理论、契约论、激励论、利益平衡论等构成了著作权制度的理论基石。然而，这些理论，在人工智能视野下，是否仍有适用的妥适性？例如，人工智能"生成"具有作品表象的内容，是否属于传统意义上的"劳动"？人工智能是否需要凭借"作品"来表达其所谓的"人格价值"？再如，对于人工智能而言，所谓的"权益激励"或者"功利激励"是否还有激励的意义呢？因为人工智能"创造"足以与人类智慧相媲美的作品，可以在数秒内完成；人工智能也并不需要所谓的经济激励或者财产激励。

第三，对人工智能生成物是否应当给予法律保护？如何给予法律保护？这实际上是回答人工智能生成物的法律保护必要性以及保护的法律

---

① 吴汉东．人工智能生成作品的著作权法之问［J］．中外法学，2020，32（3）：653-673.
② 吴汉东．人工智能生成作品的著作权法之问［J］．中外法学，2020，32（3）：653-673.

模式问题。人工智能生成物在本质上，是机器算法规则、情感计算框架、文本表达模型等数据训练技术综合运用的结果，却在很多形态上具备了著作权法意义上的"思想表现形式"之形式外观。这也导致人工智能生成物与人类智慧创作作品，在"思想表现形式"及其独创性要求方面很难予以分辨。① 那么，在"后人类时代"，作品的独创性即作品所蕴藏的"创作者"的个性特征应如何理解？人工智能生成物是"思想表现形式"吗？是属于谁的"思想表现形式"？我们是否应当秉持足够的谨慎，以保障人类智慧创造的纯粹性，还是应当大胆地拥抱"后人类时代"？

第四，人工智能能成为著作权侵害行为的责任主体吗？人工智能实施侵害他人著作权的"行为"，应如何确认责任主体？这是为了解决人工智能侵权的责任承担问题。如果由人工智能来承担相应的侵权责任，那么，传统侵权责任制度所固有的"教育功能"以及"非难性"与"否定性"评价价值，是否还有维持的意义呢？这种"教育"功能以及"非难性"与否定性评价，对于人工智能而言，真的具有"行为规范"的价值吗？

---

① 吴汉东.人工智能生成作品的著作权法之问［J］.中外法学，2020，32（3）：653-673.

第二章　人工智能是法律主体吗

　　人工智能是法律主体吗？这是基于以下现象的叩问。2010 年 11 月，日本南投市赋予陪伴型机器海豹帕罗（Paro）具有公民性质的"户籍"身份，而开发该机器的人被列为帕罗"户籍"上的"法理学"父亲。2017 年 11 月，日本东京授予了消息应用 Line 上的聊天机器人"涩谷未来"（Shibuya Mirai）具有强烈自然人法律属性的"永久居住权"，意味着在法律框架下该聊天机器人可以实地居留在日本东京。[①] 这是日本乃至世界历史上赋予人工智能法律主体身份的第一例。2016 年 2 月，美国 Google 公司旗下的无人驾驶汽车在运行测试时发生交通事故，因该汽车没有人类驾驶，故美国高速公路安全管理局将汽车中的人工智能系统认定为"司机"[②]，但传统意义上的"司机"只能是人类。2016 年 5 月，欧盟委员会法律事务委员会向欧盟委员会提交动议，建议将最先进，应用于工厂的智能机器的身份定义为"电子工人"，并通过法律赋予其劳动权等特定的权利和义务，同时建议为"电子工人"开立专门的资金账户

---

① ROBERTSON J. Human Right vs Robot Rights：Forecasts from Japan［J］. Critical Asian Studies, 2014, 46（4）: 571-598；张长丹. 法律人格理论下人工智能对民事主体理论的影响研究［J］. 科技与法律，2018（2）: 38-39.

② 张长丹. 法律人格理论下人工智能对民事主体理论的影响研究［J］. 科技与法律，2018（2）: 37-43.

以保障其能够享受劳动者的相关权利，以及履行相关的义务与责任。①
2017年10月，欧盟议会法律事务委员会《欧盟机器人民事法律规则》
中就涉及重构责任规则和考虑赋予复杂自主机器人以"电子人"的法律
地位。② 2017年10月，在沙特阿拉伯首都利雅得召开的"未来投资倡
议"大会上，大会主办方将会议机器人索菲亚公布为沙特阿拉伯首位机
器人"公民"。这意味着索菲亚将成为人类史上第一位被赋予"公民"身
份的机器人。③

　　上述的立法或政策走向，是否冲击了我们传统的法律认知呢？显然，
将人工智能视为人类改造世界的工具，是法律关系的客体之一，这样的
观点或者理念应该是最为"朴素"的。这不仅是因为这样的观点背后有
着数百年乃至千年的法律智慧沉淀，更是符合人们日常的"常识判断"。
然而，这样"朴素"的法律认知，如此具有"共识"的常识判断，正面
临着被革变的命运。因为"人工智能"正在以其高度的智能化改变传统
法律的思维范式，一种全新的"法律地位"规范似乎正逐渐走进我们的
生活。人工智能是法律主体吗？人工智能为何需要成为法律主体？人工
智能成为法律主体的依据是什么？

　　要回答人工智能是不是法律主体这些问题，我们需要先考察一个前
置性的问题，即成为法律主体的条件有哪些？人工智能是否符合法律主

---

① 胡裕岭.欧盟率先提出人工智能立法动议［J］.检察风云，2016（18）：54；田野.劳动法
遭遇遇人工智能：挑战与因应［J］.苏州大学学报（哲学社会科学版），2018，39（6）：57-64.
② LIETZEN L. Robots：Legal Affairs Committee calls for EU- wide rules［EB/OL］.（2018-03-02）
［2018-05-06］. http://www.europarl.europa.eu/news/en/news-room/20170110IPR57613/ robots-legal-
affairs-committee-calls-for-eu-wide-rules.
③ SIGFUSSON L. Saudi Arabia Grants Citizenship to Robot［EB/OL］.（2018-03-02）［2018-05-06］.
http://blogs.discovermagazine.com/d -brief/2017/10/27/robot -citizen - saudi-arabia/#.WqODjWa76T9.

体设定的要件。如果这一结论是肯定的，那么，在著作权法的理论结构中，我们还有后续的问题需要回答，即人工智能是作者吗？如果不是作者，人工智能能否享有著作权权益？这是因为作者与著作权的享有者，在现行法律框架下是有所区分的。换言之，在现行法律框架下，作者不一定是著作权的权利主体。比如，在特殊职务作品中，创作职务作品的自然人（职工）是作者，但是，除署名权外，其他著作权则因"法定"或"约定"而由作者所在的单位享有。要厘清并回答这些问题，需要先考察法律的一种思维范式，即主体与客体二分法。

一、"主体客体"二分的法律思维范式

"范式是一个成熟的科学共同体在某段时间内所接纳的研究方法、问题领域和解题标准的源头活水。"[①] 范式的确立，对于社科学科的研究是有益的。因为某一种思维或者研究路径被作为范式，意味着人们对于这种思维或研究路径有着较高的共识性。这种共识性将有助于人们展开交流与对话。作为源于哲学的一种思维范式，将人与物（自然）之间区分为主体与客体是法律中最为一般的思维图景与观察路径。"民法的基本问题与哲学的基本问题极为一致，都是主体与客体的关系问题，这是笛卡儿通过'我思故我在'式的思考确立的主观世界与客观世界的二元论的成果。人法与物法的二分，是主观世界与客观世界二分的法律化。"[②]

"私法是我们社会生活中的一种普遍现象……它是一个沉默但普遍

---

① 库恩.科学革命的结构［M］.金吾伦，胡新和，译.北京：北京大学出版社，2003：95.
② 徐国栋.两种民法典起草思路：新人文主义对物文主义［EB/OL］（2017-02-13）［2021-02-12］.http://www.nmql.com/wenji/zhuanjia/xgd/4119.html.

的参与者。""私法构成了一个具有规范特征的相互作用模式"。① 在主体与客体二分的这一法律思维范式中，法律主体是法律关系的参与者与实践者，是法律保障的权利与确认的义务的承载体。法律主体是由其社会性与法律性所决定的。社会性是指法律主体的存在意义须置于特定的社会关系中。换言之，离开了人与人之间的关系，法律主体便失去法律规范的价值。正如，这个世界如果只剩下一个自然人的时候，该自然人无论如何宣称自己为法律主体，享有何种或者怎样的权利，均没有实质意义。法律主体的社会性还意味着某一主体为何以及如何成为法律规范中的主体（并因此享有法律上的权利，承担相应的义务）不具有任意性或者必然性，而必须依赖于特定的生产方式与生活条件。简而言之，法律主体的范围与内容需要与特定的历史阶段相适应。主体资格问题是现代私法制度的核心，关系到私法规定的利益承载体与责任的践行体问题。在千姿百态的现实世界里，存在着多种多样形态的实体，有自然属性的实体，也有社会属性的实体。前者如猫、狗等动物，后者如自然人组合而成的家庭、社会团体等。这些存在实体相互之间甚至内部之间，都在发生着这样或者那样的关系，而在这些关系中，有些是自然性的，有些是社会性的。私法并没有将这些所有的关系都纳入法律规范的调整范畴，也没有将所有的存在实体都纳入法律主体范畴。而是基于特定的社会发展阶段以及立法政策的指导下，依照特殊的规则选择特定的实体，并确立为法律主体（或者说法律关系的主体）。②

在现代私法体系主要是依照"赋予人格"与"确认身份"这两种特定的规则来确定法律主体。

---

① 温里布.私法的理念［M］.徐爱国，译.北京：北京大学出版社，2007：1-2.

② 龙卫球.民法总论［M］.2版.北京：中国法制出版社，2002：166.

人格是国家赋予自然人、社会组织作为法律主体，以及目的性财产充当法律主体的基础性资格。由于人格是自然人参加社会生活的必要条件，是作为社会化存在体必不可少的前提，所以自然人自其出生时就"当然、自动地"依法获得人格。作为自然人或者财产集合，法人没有自然人那样的"出生"意义，故其人格的确认与赋予是通过国家行政机关的"核准登记"或者"备案登记"来实现的。

身份是影响主体人格和其他权利或客体的转移自由度的立法安排。身份具有对偶性与分配性。[①] 对偶性是指具有特定身份的法律主体，总是特定地针对另一个或一群法律主体。比如，本国人的对偶性主体为外国人；监护人的对偶性主体为被监护人；夫妻构成对偶等。在这种对偶性中，法律在给某一主体利益时，总是给另外一主体带来不利益。获得利益的主体可以称为"正身份"；承担不利益的主体可以称为"负身份"。这种"正负"的对偶性，也恰恰是其分配性的体现。

法律客体是除主体以外的其他客观事物，是法律主体权利义务的依托，是主体认识与实践的对象。在法律关系的性质认定与类型划分中，法律客体往往扮演着重要角色。法律客体同样具有社会性与法律性。社会性是指法律客体必须是社会化的产物，须满足人类社会的特定需要。如果不是或者不能满足人类的特定需求，则这样的存在物是不会被确认为法律客体的。同样地，法律客体的范畴是随着社会的发展而不断变化的，须与特定的社会发展阶段相适应。比如，在特定历史阶段，某些存在物不成为法律客体，但是随着社会的发展而逐渐成为法律客体。最为典型的法律客体就是知识产品。在人类社会早期，人们主要是以赖以生存的自然界物质，如动物、粮食等为法律客体，但是，随着社会发展，

---

① 徐国栋.民法哲学［M］.北京：中国法制出版社，2009：73-76.

人们对精神文明的希冀与追逐，知识产品就逐渐被确认为法律客体。法律性是指某一存在物能否以及如何被确认为法律客体，需要依赖特定的立法政策指引。例如，空气在某些国家被视为法律客体，而有些国家则否认其为法律客体。在私法规范中，法律客体的确定主要是通过赋予不同的存在物以不同的身份来实现的。[①]经过数千年的制度文明积累，人们对法律客体的认知具有一定的共识性，[②]如物、知识产品、行为、人身人格等均为法律客体。

在法律主体与法律客体的这一逻辑范式中，法律主体是第一位的，法律客体是第二位的。离开了法律主体，任何的客体都不成为"法律客体"。某一纯粹的自然物，若无法律主体的介入，并对它做出某些规定性，那么，它对于主体而言便不具有任何的法律价值。"主体是最基础的概念，代表着法律的目的和最基本的价值来源；然后是权利和权力，是用来确定主体性内容的法律形式……法律是权利的法，但首先是主体的法。"[③]"在创造物面前，人们总是习惯将自己置于主人的地位。"[④]作为客观事物，客体不同于主体，但又与主体相互联系、互相作用。法律主体与法律客体是"法律关系"建构的对应的逻辑元素，为法律关系不可或缺的基础性要素。法律关系是承载着法律主体与法律客体之间各种联系的逻辑结构。

① 徐国栋.民法哲学［M］.北京：中国法制出版社，2009：78.

② 王圣礼.论环境法的主体与客体［M］.北京：法律出版社，2015：171.

③ 龙卫球.法律主体概念的基础性分析（上）：兼论法律的主体预定理论［J］.学术界，2000（3）：50-66.

④ 毋国平.法律主体的内涵［J］.辽宁大学学报（哲学社会科学版），2013，41（2）：115-122.

二、法律主体的演化逻辑

如前文所述，法律主体是一个社会性与法律性的概念。法律主体并不是从一开始就具有普遍性，它经历了一个不断演化的过程。从这一意义而言，法律主体社会性与法律性的历史演化，诠释了法律主体之所以被确定为法律主体的一般规律。

（一）人为人与人非人

所谓人为人、人非人，是指这样的一种法律状态，即尽管都是智慧生物，但是，仅部分自然人有资格成为法律上的人，其他自然人不被承认为法律上的人。这种法律状态特征体现最为明显的时期是罗马早期。在这一时期，不被承认为法律主体的自然人主要有两种：家族成员与奴隶。

在早期罗马法中，家族是法律关系的构成单元。法律原则上仅调整家族与家族之间的各种法律关系。在家族对外法律关系上，家长是家族的代表，因此，只有家长才被承认为具备从事各种法律关系的资格与能力。当然，作为家族代表，法律关注的中心在于家长的身份，而非家长的个人特质或其他属性。"在法律的眼光中，根据民事高级官吏的看法，家长的死亡是一个全然无关紧要的事件。因为结果只是代表家族集体组织和对于市政审判权负有主要责任的人，换一个名字而已。"[1] 换言之，家长死亡，家长必然会"选任（被继承）"新的家长。该新的家长自然被确认为该家族的代表。在家族内部关系中，家长拥有绝对的权威与至高无上的地位。家长对于家族成员（妇女、卑亲属等）的人身、财产拥有"生杀予夺"的绝对权。"古代罗马法禁止在父权下之'子'与'父'分

---

[1] 梅因.古代法 [M].沈景一，译.北京：商务印书馆，1996：105.

开且持有财产，或者（我们宁可说）绝不考虑子有主张一种个别所有权的可能。父有权取得其子的全部取得物，并享有其契约的利益而不牵涉到任何赔偿责任。""父对其子有生死之权，更毋待论的，具有无限制的肉体惩罚权；他可以任意变更他们的个人身份；他可以为子娶妻，可以将女许嫁；他可以令子离婚；他可以用收养的方法把子女转移到其他家族中去；他并且可以出卖他们。"①

既然家族成员的法律地位如此"低劣"，那么，比其更为"低劣"的奴隶的境况更为"悲惨"。在罗马法中，奴隶的词语为"servus"，来源于"servo"，原意为保存，即指未被杀掉而保留下来的俘虏。②在公元6世纪优帝一世之前，"奴隶什么都不是"，③或者说，仅仅是"会说话的工具"。"在法律上，奴隶是物，那些富有理性并且受过良好教育的奴隶无疑是一种特殊的物，并且它能够为主人获得权利。但是，他本身没有任何权利；他只是权利的标的，就像牲畜一样。"④"奴隶没有自己的人格。他们没有姓名，只称某某的奴隶或者某某的奴隶某某等，以示为某某所有。""奴隶没有婚姻权。男女奴隶结合，繁殖后代，只是单纯的事实，法律不承认他们的亲属关系。""奴隶不是法律上的权利主体，没有财产权，因而奴隶所得到的财物和债权都归主人所有，像动植物等的孳息、产物及其他附属物都属于原物所有人一样。"⑤

---

① 梅因.古代法［M］.沈景一，译.北京：商务印书馆，1996：79-81.

② 周枏.罗马法原论：上册［M］.北京：商务印书馆，1994：213.

③ 斯奇巴尼.人法［M］.黄风，译.北京：中国政法大学出版社，1995：37.

④ 尼古拉斯.罗马法概论［M］.黄风，译.北京：法律出版社，2000：70.

⑤ 周枏.罗马法原论：上册［M］.北京：商务印书馆，1994：217-218.

（二）人为人与人的抽象

随着社会的发展，作为自然的"智慧生物"的个人权益意识逐渐觉醒。如有思想者就深刻地指出："根据自然的法则，奴隶和自由民应该是一样的，奴隶之所以成为奴隶，不是因为他们愚笨，而是社会制度和城邦法律所造成的。"① "孰能容忍亚里士多德的厚颜无耻，更别说他对自然法的不可原谅的违反。他在《政治学》第一篇中竟说智力低下的人应被作为天然的奴隶，或聪明人的奴仆而看待？……我们这些愚人何罪之有？是上帝，而非那些聪明的头脑制造了我们……毫无疑问，更为真实和值得注意的观点是那些正直的大法学家们的观点，一方面，他们说奴隶不过是人类法律制度制造出来的，另一方面，依自然法他们仍然是自由的。"② 在这样的背景下，家长的主宰权逐渐被削弱，子女、妇女甚至奴隶的法律地位确认问题日益凸显。所以，罗马法后期的法律明确规定了一些与奴隶解放（包括自愿解放与法定解放）有关的制度，以回应奴隶法律地位改善的强劲诉求；尽管奴隶可能仍然会被确认为是主人的财产，但是，奴隶主已经不能完全如早期那般对奴隶有任意的生杀予夺权力（权利）。

到19世纪初，所有自然人都可因共同的生物属性（自然属性，或者经验事实属性）而被承认为法律主体，这几乎成为私法理论的共识。1804年《法国民法典》的颁布具有标杆性意义。该法典第8条规定："所有法国人均享有私权。"这一规定可以解读为：所有具有法国国籍的自然人均应承认为法律主体，并因此享有私法上的权益。尽管这一规定可能远没有实现"任何自然人均为人"的理想性法律状态，但考虑到一国法

① 徐显明.人权研究［M］.济南：山东人民出版社，2001：4.

② 凯利.西方法律思想简史［M］.王笑红，译，北京：法律出版社，2002：186-187.

律政策的"国别"属性或者"地域"特征，这种将具有"本国国籍"与"外国国籍"的自然人进行区分并实施"法律歧视"或者"法律优待"的做法，直至现代，其仍被认为是颠扑不破的"法律定理"。

法国学者在解释《法国民法典》第 8 条的过程中认为，"所有法国人"过于强调所谓的"国别"属性或者"地域属性"，忽视"共性"表述，故创造性地使用"人格"术语，希冀以此取代"法国国籍"的设定。"一般论著受罗马法上'persona'之影响，创造'人格'（personality）一词，并以人格之有无代之为区分标准。"① 显然，"人格"是一种法律规范性术语或者说是"规范性工具"。它不是自然人"自然属性"或者说经验属性的描述。之所以说它是规范性工具，是因为"人格"不描述自然人的"性别、年龄、肤色"等具有"自然特质"的内容，而这些"自然特质"往往是通过实践经验可以感知或者认识的。作为一种规范性工具，"人格"实际上是法律规范对某一客观存在体能够成为法律主体的一种规范性抽象。换言之，人们对某一客观存在体能否成为法律主体的判断就转移到是否具备"法律人格"的条件上。在"人格"规范中，身份或者说人与人之间的关系，是被忽视的。"每个人都成了独自存在的人，他是一个在经济上、政治上、道德上从而在法律上自足的单位。"②

自《法国民法典》之后，各国基本上都确立了自然人的法律主体地位。1811 年《奥地利普通民法典》颁布。作为深受《法国民法典》范式与自然法理论影响的民法典，该法典第 16 条明确规定，每个人"生来就

---

① 曾世雄.民法总则之现在与未来［M］.北京：中国政法大学出版社，2001：85.
② 庞德.通过法律的社会控制［M］.沈宗灵，译.北京：商务印书馆，2010：73.

因理性而获得天赋的权利"①。为区别于法国学者创造"人格"术语,《奥地利普通民法典》则创造性地提出了"一般性权利能力"的概念,明确"权利能力一律平等"。1896 年《德国民法典》延续使用"权利能力"的概念,并借该术语来表达民事法律主体应具备的法律特征。在《德国民法典》中,"自然状态"的自然人是平等的,权利能力平等地属于每一个具有自然人特征的实体。

从自然人到"人格"的创造以及"权利能力"的适用,这一过程意味着法律规范开始将自然人从经验描述转化为规范描述,也使得自然人的多样性自然属性被"忽视"或者被"消灭"了。法律上的人或者法律主体逐渐成为一种抽象的规范性工具。在这种规范性工具中,每个自然人都有两种身份:一种是生活中各具独特气质的自然人,另一种是具有共同特征的法律之上的法律主体。②

(三)"类人"拓展与非人可人

作为一种规范性工具,法律主体或者法律人格或者权利能力是一种抽象描述,不再具有任何生物性或者自然属性的象征。它仅仅是法律规范对于某一客观存在体能否行使权利、履行法律义务和承担法律责任的资格确认。这种剥离自然属性的表述而成为抽象性,并得以普遍适用的规范概念,使得法律主体的范围或者结构呈现一种开放性的可能。

"从理论上讲,凡是能够参与一定法律关系的任何个人和机关,都

---

① 王银宏.在罗马法与自然法之间:作为政治性立法的 1811 年《奥地利普通民法典》[J].外国法制史研究,2016(1):223-246.

② 王勇.人工智能时代的法律主体理论构造:以智能机器人为切入点 [J].理论导刊,2018(2):63-70.

可以是法律关系的主体。"[1] 在一切自然人被赋予法律人格、"人非人"的制度和理念被彻底否定的同时，近现代民法又开始了"非人可人"的历程。[2] 这主要表现在两个方面：自然人的集合，即法人被确认为法律主体，以及胎儿、死者乃至动物法律地位的争论。

1804年《法国民法典》对（宗教）团体势力秉持较高的警惕性，以避免团体对个人的"迫害"或者"压制"。所以，《法国民法典》并没有赋予自然人集合的法人以法律主体地位。但是，法国的习惯法却对法人这种人的集合予以承认或者接受。经过立法博弈，1807年的《法国商法典》最终在技术层面上认可了商业组织的法律主体资格。1867年，法国制定的有关股份公司的法律也确立了股份公司的法人地位。1896年，《德国民法典》对法人进行全面的接受并进行系统的规范，该法典第一编将"法人"设为专章，并详细规定法人设立（如登记）、法人财产、法人机关、法人消灭（如破产）等事项。这一逻辑严谨缜密的法人制度体系为瑞士、日本、意大利、巴西等国家所仿效。尽管法学界对于法人的本质是什么存在着诸多争议，如有法人拟制说、受益者主体说、管理人主体说等观点，但是，毫无疑问的是，法人（以特定财产为基础的人的集合）被确认为法律主体，并与自然人一样能享有权利、履行义务与承担责任，意味着近现代司法正式实现"非人可人"的理念更迭与制度创造。

胎儿作为人类成为严格意义的自然人之前的生命形态，有法律保护与承认的必要性与合理性。所以，古代罗马法就有关于对胎儿利益保护的规定，如规定："关于胎儿的利益，视为已经出生。"但胎儿毕竟与严

---

[1] 舒国滢.法理学导论［M］.2版.北京：北京大学出版社，2012：150.

[2] 李拥军.从"人可非人"到"非人可人"：民事主体制度与理念的历史变迁：对法律"人"的一种解析［J］.法制与社会发展，2005（2）：45-52.

格意义的自然人不同，所以古罗马法对这种生命形态提供的法律保护是比较有限的，古罗马法学家尤里安认为"母体中的胎儿一般来说被市民法视为处于物的自然状态之中"。在罗马法的一些准则中，即将出生的婴儿不被承认具有人格。但，罗马法为胎儿（作为一个潜在的人）保存并维护自其出生之时起即归其所有的那些权利。这些权利主要涉及死因继承方面的利益。[①] 然而，胎儿权益的保护与胎儿是否为法律主体是完全不同的概念。前述民法典始终没有明确承认胎儿享有权利能力或者享有"法律人格"。对此进行立法突破的，是 1907 年的《瑞士民法典》。该法典第 31 条规定："权利能力自出生开始，死亡终止。胎儿，只要出生时尚生存，出生前即具有权利能力的条件。"有学者据此认为：如果某一胎儿能存活成自然人，那么，该自然人的权利能力应当是始于作胎之时，即此可以推定或者认定自然人在胎儿形态就已成为法律主体。[②]《瑞士民法典》的这一立法为意大利、匈牙利等国所效仿。

在 20 世纪 50 年代，德国曾有两起涉及胎儿利益的著名案件：一是"生父传梅毒于亲子案"，二是"医院输血导致梅毒传染案"。在前一个案件中，法院同意或认为必须对胎儿利益实施保护，但是，这种保护的理由并不是"胎儿具有权利能力"，而是基于自然人利益的提前保护。换言之，法院并没有明确承认胎儿具有所谓的权利能力。在后一个案件中，德国最高法院认为，案件争议的焦点"不是一个胎儿遭受了损害，而是一个患有梅毒而出生的自然人遭受了损害"。[③] 基于案件而引发的争论，

---

① 李拥军.从"人可非人"到"非人可人"：民事主体制度与理念的历史变迁：对法律"人"的一种解析［J］.法制与社会发展，2005（2）：45-52.

② 李拥军.从"人可非人"到"非人可人"：民事主体制度与理念的历史变迁：对法律"人"的一种解析［J］.法制与社会发展，2005（2）：45-52.

③ 郑永宽.人格权的价值与体系研究［M］.北京：知识产权出版社，2008：5.

若干学者从医学或者伦理学等角度提倡应赋予胎儿权利能力，承认胎儿为法律主体。例如，德尼（Delezel）及黑德日茨（Heidrich）根据德意志联邦共和国《基本法》第1条的规定，主张胎儿应有权利能力；朴罗斯基（Powloiski）主张类推适用《德国民法典》第844条第2款与第1923条的规定，承认胎儿就其出生前所受损害具有部分权利能力。[①]

与胎儿是否为法律主体或者如何保护胎儿利益的问题类似，关于对死者的保护也具有较大争议。因为经典民法理论认为：自然人的权利能力始于出生，终于死亡。在德国，在一些学者的支持下，德国联邦法院同意对自然人死后的人格利益给予法律保护，并承认部分人格权并不因自然人死亡而消灭，如名誉、隐私、肖像等。[②]我国也曾有涉及死者利益保护的争论，如荷花女名誉案、海灯法师名誉案等。最高人民法院对死者利益的保护秉持明确的肯定态度。这在最高人民法院1990年《关于范应莲诉郭永祥等侵害海灯法师名誉权一案有关诉讼程序问题的复函》、1993年《关于审理名誉权案件若干问题的解答》，以及2001年《关于确定民事侵权精神损害赔偿责任若干问题的解释》等均有体现。在2020年5月颁布的《中华人民共和国民法典》（以下简称《民法典》）第994条对死者的利益保护进行了明确规范。尽管死者的法律主体问题并没有被明确承认，但死者利益保护问题，实际上在直接或者间接地涉及法律主体地位的拓展或者延续的问题。

与纯粹涉及自然人的权益保护而引发的法律主体地位问题不同，人们关于动物法律地位的争论，则主要是基于动物福利思潮。最早提出动物具有法律主体地位的观点是泛灵论者。在泛灵论者看来，动物与自然

---

①　龙卫球.民法总论［M］.2版.北京：中国法制出版社，2002：205.

②　龙卫球.民法总论［M］.2版.北京：中国法制出版社，2002：298.

人都是具有灵性的。如近代西方哲学理性主义代表人物斯宾诺莎就主张：自然万物原本是一个整体，动物与人具有同等的价值；进化论的奠基人达尔文认为：人类向来引以为豪的推理、感觉等能力，动物也具备，而且人与动物还是同源的。[①] 此后，功利主义动物主体论、权利主义动物主体论、整体主义动物主体论等学者纷纷提出自己的观点。如功利主义动物主体论者彼得·辛格认为：感知能力是利益的先决条件，凡是有感知能力者均应有利益。在这一原则下，动物与人同样具有利益，所以应享受同样的待遇，否则就是物种歧视。[②] 再如，被誉为"环境伦理学之父"，整体主义动物主体论者霍尔姆斯·罗尔斯顿认为良知的增长是人的"社会性本能与同情心"所针对对象不断扩展的过程。这首先是扩展到家庭和部落；后来，人"越来越顾及同胞的福利，而且还顾及他们的幸福"；再到后来，"人的同情心变得更加敏感，而且扩展到更广的范围，扩展到所有种族的人，扩展到低能者、伤残者及社会上其他无用的成员，最终扩展到比他低级的动物……"[③] 除此之外，有学者认为：动物具有文化性与社会性。"在使用化学武器毒杀对手的现代战争中，老鼠至今没有败北这大大得益于它们互相学习和传授后代知识的本领……除非我们像移动足球球门柱那样修改文化的定义，否则，我们不得不承认老鼠也有文化。"[④] "对于许多动物来说，自然界中划分觅食或安身之地，还需要遵循

---

① 高利红.动物的法律地位研究［M］.北京：中国政法大学出版社，2005：177.

② 高利红.动物福利立法的价值定位［J］.山东科技大学学报（社会科学版），2006，8（1）：39-45.

③ 罗尔斯顿.哲学走向荒野［M］.刘耳，叶平，译.长春：吉林人民出版社，2000：34；高利红.动物的法律地位研究［M］.北京：中国政法大学出版社，2005：189.

④ 道金斯.眼见为实：寻找动物的意识［M］.蒋志刚，曾岩，阎彩娥，译，上海：上海科学技术出版社，2001：52.

某种礼仪化的行为。""雌雄双方共同抚育后代——这是大部分鸟类、许多海生鱼类和某些昆虫及甲壳动物的习惯——并非简单的性行为，因为共享资源必须具备能相互辨认、协调行动和加强配偶间定期联系的一系列机制，这些机制使一对配偶成为一个完整的社会小单位。"[①] "所有事例都说明，即使外表与人类最不相同的动物，它们对世界的认知，高精度的分辨能力，互相学习的方式都和人类非常相似……"[②] 在立法上，德国于1990年8月20日依《关于在民事法律中改善动物的法律地位的法律修正案》在民法典增加了三个条文。其中，新增的第90a条规定："动物不是物。它们由特别法加以保护。除另有其他规定外，对动物难用有关物的规定。"[③] 尽管这一新增的法条并没有直接明确动物的法律地位是"主体"，但仍有一些学者认为，《德国民法典》的这次修正揭示着一种立法的可能趋向，代表着人类对动物态度的重要转变，或许就是动物由法律客体转变或者说"升格"为法律主体。[④]

更为特别的是，河流、公园等都可被赋予法人地位。如2014年，新西兰北岛霍克湾地区的尤瑞瓦拉国家公园获批为法人。2017年，为了保护新西兰第三大河流旺格努伊河（Whanganui River）特殊的民族信仰地位，新西兰国会赋予该河流以法定人格，使得河流成为世界上第一条具有"法律生命"的河流；根据法案，分别由毛利部落和新西兰政府任命

---

① 弗伊.社会生物学［M］.殷世才，孙兆通，译.北京：商务印书馆，1997：1.

② 道金斯.眼见为实：寻找动物的意识［M］.蒋志刚，曾岩，阎彩娥，译.上海：上海科学技术出版社，2001：52-53.

③ 相颖，席引路.各国关于动物法律人格的规定［EB/OL］.（2011-03-03）［2021-02-11］http://bjgy.chinacourt.gov.cn/article/detail/2011/03/id/880557.shtml.

④ 程凌香，李爱年.加强动物保护立法的思考：兼评动物的主体地位［J］.吉首大学学报（社会科学版），2009，30（4）：141-145.

的两名人员出任该河流的代表人。①

（四）人工智能何以可能成为法律主体

从历史维度考量法律主体的演化，尽管过程纷繁复杂，但我们很容易发现，人自身的法律形象，即人在法律语境中的自我认知、自我描绘、自我想象、自我思考与自我规划，有着多次重大的转变，经历了从人非人到人为人再到非人为人的演进阶段。法律主体在历史上从来都不是客观世界或者现实世界中特定的实体本身，而是立法者在历史意识的沉淀与积累中所形成的那些法律理念中接受了的那些实体，有时甚至是拟制的主体。②换言之，法律主体不是当然性事物，而是观念化的产物。在其历史演化过程中，法律主体的范畴始终保持着开放性态度，而且越来越丰富；法律主体资格的确定，主要是一种规范性技术运用，而非"事实状态"确认。所以，只要法律是应然法则，只要人类思想还在活动，主体和它结构的法律问题就会是一个伴随社会发展而永生不灭的历史性课题。"法律的主体结构向什么实体开放，如何开放，这个问题的解答，应该回到它的各种观念的讨论中去。"③

在"人格"或者"权利能力"的设定中，是否被赋予法律主体资格，关键在于是否具备规范意义上的"人格"或者"权利能力"，而与客观存在体的"自然属性"或者"天然属性"并无必然的关联。从自然属性来看，人工智能无疑是物或者说是物的集合（结合），但是，依照法律主体

---

① 郑然.新西兰一河流成世界上第一个获法定人权的河流［EB/OL］.（2017-03-16）［2021-02-11］.https://www.sohu.com/a/129061526_114731.

② 朱力宇.法理学［M］.北京：科学出版社，2013：23.

③ 龙卫球.法律主体概念的基础性分析（下）：兼论法律的主体预定理论［J］.学术界，2000（4）：76-97.

的规范构造，证明法人、特定的财产集合、动物等存在实体，都可以或者可能按照"类人"的抽象机制，被拟制或者设定为法律主体。按照这样的逻辑脉络与抽象机制，人工智能同样也可以被确认为法律主体，并因此享有相应的法律权利、承担法律义务。这也就是说，在规范性技术层面上，人工智能被确认为法律主体并不存在太大的制度障碍。

立法者在赋予哪些范围内的存在物以法律主体资格时，首先应以特定社会阶段的法律政策为基准，但是，立法者也必须尊重社会生活的实际需要，考虑法律主体的某些事实性要素，如财产状况、意识能力等。人工智能在人之所以为法律主体的比拟中，最突出的对比是意识能力或者意志性。这是因为人工智能的"财产状况"完全可以通过法律规范性技术来使得其财产独立化，并使之成为对外承担责任的基础。这正如法人财产。对于意识能力或者意志性，学界通常认为可以通过是否具备"自我意识"或者独立意志来判断。所谓的自我意识，就是自我认知、自我审视与评介。用美国符号互动论的奠基人乔治·赫伯特·米德（George Herbert Mead）的话来说，即指通过语言与他人的行为来了解与知悉他人的想法，并能用他人的眼光来看待自己，形成"客我"与"主我"。"客我"用来接收外界信息，从他人的视角观察自己；"自我"则会根据自己的需要在不同的外在要求中选择最有利于自己的行为。[①] 所谓独立意志，就是指某一主体能够根据自己的动机，有意识地选择或者不选择某种行为。[②]

从与人的思维或者智能对比来看，人工智能是对人的思维功能或者

[①]　鲍曼.通过社会学去思考［M］.高华，吕东，徐庆，等译.北京：社会科学文献出版社，2002：8-9.

[②]　骆正言.从自由意志谈人工智能的法律主体资格［J］.湖南社会科学，2020（2）：43-50.

智能的模拟。这也就是说，人工智能是按照人的思维活动的物质过程和规律进行设计与制造的。"人工智能就是研究怎样让电脑模仿人脑从事推理、规划、设计、思考、学习等思维活动……"① 人工智能具备自我学习能力。毫无疑问的是，人工智能作为主体结构外化，丰富、变革了人的智力结构和思维方式，扩展了人的智力功能。在效率等方面，人工智能已经远远超越了人类智能。如前文所述，在强人工智能的假说中，人工智能不仅具有自我学习的能力，也具有"自我意识"与自由意志。纽约"伦斯勒"人工智能和推理实验室的科学家开发的机器人纳欧（Nao）能够顺利通过"智者难题"（Wise—men Puzzle）的测试，这也被视为人工智能具有自我意识的有力证据。②

既然人工智能被确认为法律主体，在法律规范性技术上不存在疑问，而且在财产状态方面可以具备与法人相比拟的条件，在意识能力方面具有与人类相媲美的"事实要素"，那么，我们还有什么理由将人工智能拒于"法律主体"之外呢？

三、人工智能法律地位论争

思维范式的改变或者转换，可能使得以前不存在问题的领域出现新的问题，或者使不成为疑问的现象成为疑问。有学者指出，从现代编史学的眼界来审视过去的研究记录，科学家们就会惊呼：范式一改变，这世界本身也随之改变了。③

---

① 丽奇.人工智能引论［M］.李卫华，汤怡群，文中坚，译.广州：广东科学技术出版社，1986：1.

② 骆正言.从自由意志谈人工智能的法律主体资格［J］.湖南社会科学，2020（2）：43-50.

③ 库恩.科学革命的结构［M］.金吾伦，胡新和，译.北京：北京大学出版社，2003：101.

在关于人工智能能否成为法律主体以及成为怎样的主体方面，学界有着深切的观察与思考，形成了丰富的理论洞见。

对于人工智能的法律地位，当前至少有以下五种观点。

（一）法律主体 / 法律人格否定说

法律主体或者法律人格否定说，即直接或者间接持否认人工智能为法律主体的观点，或者主张否认人工智能具备人格的学说。持这种观点的学者主要是从两个视角来否认人工智能的法律主体资格。其一是按照人工智能为法律客体的传统逻辑推论；其二是从法律主体资格应具备的要素（如理性、意思能力、认知能力、道德能力等）来论述。

1."工具"说

秉持"工具"说的学者认为，人工智能仅仅是人类为方便生产和提升生活而创造的一种工具，其本质是一种软件技术，必须服务于人类；所谓"智能"只是一种工具效能的提升与改进而已，没有所谓的独立意志，不应具有法律人格。[①]换言之，人工智能与我们传统所说的工具 / 法律客体没有根本差别，仅是人类的创造物，是人类的支配对象，是法律关系中的客体要素。其唯一的特殊性，仅在于其比传统工具更高级、更复杂、更有效率罢了。作为一种工具性的运用，人工智能只能"机械性地执行"使用者意志，且执行结果也是在使用者的可预见范围；人工智能不会产生或嵌入所谓"自己的"独立意志，没有所谓的利益诉求，没有财产基础，更没有承担"行为"后果的适格基础。因此，它不具有独立的法律地位，而围绕人工智能产生的一切法律后果，均应由其使用者承担。

---

① 袁曾.人工智能有限法律人格审视［J］.东方法学，2017（5）：50-57.

2. 软件代理说

软件代理说认为，人工智能是算法等软件的代理者或者执行者，其传递或者执行的是用户要求的信息或者命令，因此无法具有法律人格和行为能力。[①]

3. 道德能力缺乏说

有学者认为，人工智能不能被赋予与人类相同或相似的法律地位，这是因为人工智能不具备自然人所必须具备的道德、良心、良知以及对伦理、宗教、规矩和习惯的识别与判读能力，无法以独立的意思能力来认知、判断或者选择一系列具有复杂社会意义的行为，无独立的财产能力与责任能力。[②]因法律来源于道德，因此，在法律规范中，法律主体首先必须是具备道德能力的人。

4. 电子奴隶说

电子奴隶说认为，人工智能不具有人类特殊的情感与肉体特征，在工作时无休息等客观需要，可以认作为不知疲倦的机器，可以有行为能力，但没有权利能力。[③]这可以类比于罗马法中的奴隶。如前文所述，在罗马法中，奴隶是主人的财产，是与牛、羊、马等牲畜处于相同法律地位的工具，其特殊性仅在于会说话，具有沟通与交流的能力。如果遵循该学说，那么，我们的法律就应当明确人工智能是一种"电子奴隶"，具有与人类沟通交流的能力，可以根据"自己的思维"做出或者实施某些行为，但其没有权利能力，故而，其行为的利益应归属于它的主人，其

① 孙建伟，袁曾，袁苇鸣. 人工智能法学简论［M］. 北京：知识产权出版社，2019：37.

② 赵万一. 机器人的法律主体地位辨析：兼谈对机器人进行法律规制的基本要求［J］. 贵州民族大学学报（哲学社会科学版），2018（3）：147-167.

③ 袁曾. 人工智能有限法律人格审视［J］. 东方法学，2017（5）：50-57.

行为的责任由其主人承担。该学说的优点在于，可以为人工智能"行为后果"（权益或者责任）的确认提供某些有益思路，也在暗示着人工智能具有成为法律主体的某种可能性（正如奴隶在制度文明发展过程中被确认为法律主体一样），但是，将人工智能类比于罗马法上的奴隶的主张，至少在当下，是否认其成为独立的法律主体的可能，是工具论的另外一种话语表达而已。

5. 认识能力缺乏说

持有该观点的学者认为，理性源于对事物的客观认知，没有认知能力的存在物不应被赋予法律主体资格。人工智能，至少在当前或者较短的未来，显然还不具备认知能力，因此不属于法律主体资格。[①] 该说将理性作为法律主体资格的确认条件，显然与世界各国主要的立法是不相符的。综观主要国家的民事立法，理性主要是与法律主体的行为能力有关，而与其主体资格并没直接关联。正如未成年人、老年人、聋盲哑人等都可能在充分理性上存在欠缺，但这不影响其被确认为法律主体。

6. 意思能力缺乏说

持有该观点的学者认为，能够自主表达意识能力是成为法律主体的必要条件。缺乏意思能力的事物不能成为法律主体。人工智能不具备表述或者表达意识的能力，因此不应纳入法律主体范畴。[②] 该观点存在着与前文所述相同的逻辑困局，即意思能力在当前主流民事法律中仅是行为能力的重要要素，而非主体资格的必备要素。此外，该观点显然是人工智能发展早期而形成的一种学说。该观点没有考虑人工智能发展的趋势，

[①] REGAN T. The Case for Animal Rights［M］. Berkeley：University of California Press，1983：21-22.

[②] 孙建伟，袁曾，袁苇鸣. 人工智能法学简论［M］. 北京：知识产权出版社，2019：38.

特别是关于强人工智能假说设定的那些特征或者要素。如果按照强人工智能的假说，人工智能完全具备所谓的意思能力。

7. 痛苦感知说

持有该学说的学者认为，痛苦感知是某种存在体可以被确认为法律主体的必备要素。比如人类，甚至是其他动物，都能够感受自身遭受的痛苦，因此人类为法律主体，甚至动物也具有被确认为法律主体的条件，但是，人工智能作为机械，无法感知痛苦，无情感，因此不具备法律人格。① 笔者认为，该观点的逻辑缺陷与"意思能力缺乏说"相同。

8. 人类生命神圣说

持有该观点的学者认为，人类是地球最为高级与智慧的生物，其他任何生物乃至物品，都无法与神圣的人类生命相比较。作为人类制定的法律，有必要维护人类生命的神圣性、纯洁性与唯一性。② 显然，该观点是属于严格意义上的"人类中心主义"或者"沙文主义"。这样的观点，不仅受到很多学者的批判，也不符合法律的规范目的。至少，从法律规范目标来看，人类已经将类人或者人的集合体确认为法律主体。

（二）主体资格肯定说

主体资格肯定说是主张承认人工智能具备法律主体资格，但是，在具体的规范建构方面，这类学说还有许多不同的主张。

1. 电子人说

电子人说主张人工智能不是纯粹的"法人"，也非纯粹的"工具"，而是兼具法人主体性特征和工具附从性特征的"电子人"；"电子人"可

---

① DOLAN K. Ethics, Animals and Science［M］.Oxford：Blackwell Science, 1999：118-119.

② ANDREW L, REGAN T. Animals and Christianity：A Book of Readings［M］. New York：Crossroad, 1990：18-19.

以拥有有限的权利和义务，可以对自己的行为负责。① 根据该学说，人工智能是否具有类似"法人"的法律地位，关键在于是否进行登记注册。如果人工智能被其使用人登记注册为"独立的法人"，则该人工智能具有"法人的主体性"，有相应的民事权利能力、民事行为能力与责任能力（可以如其他法律主体那样对自己的行为负责）；相反，如果人工智能没有被其使用人登记注册为一个"独立的法人"，则其仅仅是使用人的工具，由其使用人对其所谓的"行为"负责。如前文所述，在立法例或者立法趋向上，最具有代表性的是 2016 年欧盟委员会法律事务委员会的动议。该动议要求将最先进的智能机器"工人"的身份定义为"电子工人"；2017 年 10 月，欧盟议会法律事务委员会《欧盟机器人民事法律规则》考虑赋予复杂自主机器人以"电子人"的法律地位。②

2. 法人说

与电子人说类似，法人说主张我们的法律应当像对待法人和其他非法人组织一样，赋予人工智能相应的法律人格；至于其主体属性，可认定为新型法人。③ 依照该学说的观点，人工智能是一个独立的主体，拥有独立的财产，和当前的"法人"一样享有权利并承担相应的义务，能够独立思考、判断、决策和行为，并以自己的财产独自承担法律责任。

3. 代理人说

代理人说认为，人工智能的所有"行为"均为人类所控制，其做出的"行为"是其控制主体行为范围的延伸，其意志结果是控制主体意志

---

① 陈亮. 电子代理人法律人格分析［J］.牡丹江大学学报，2009，18（6）：66-67.

② LIETZEN L. Robots：Legal Affairs Committee calls for EU-wide rules［EB/OL］.（2018-03-02）［2020-04-15］.http://www.europarl.europa.eu/news/en/news-room/20170110IPR57613/robots-legal-affairs-committee-calls-for-eu-wide-rules.

③ 陈亮. 电子代理人法律人格分析［J］.牡丹江大学学报，2009，18（6）：66-67.

的传递，其行为结果也最终由控制的主体承担。① 所有这一切都表明：人工智能充当着与民法中的"代理人"相类似的角色或者职能。这也就是说，人工智能与所有者或者使用者之间形成代理人与被代理人的委任关系。美国《统一电子交易法》第 14 条的规定常常被视为"人工智能为代理人"的重要法律文本依据。该法规定"合同可以由双方的电子代理人界面形成，即使无人知道或者审查电子代理人的行为或由此产生的条款或协议。"人工智能在许多场合都充当着"电子代理人"的角色。既然是"代理人"，尽管是"电子"式，但仍然应当以具备法律主体资格为前提。如果不具备法律主体资格，则不是所谓的"代理人"。

4.法释义说

该观点主要是从法律解释的角度寻求在现行法律框架内解决人工智能法律地位的一种技术路线。该观点认为：在现行法律框架内，人工智能尽管不是法律主体，但是基于规范之目的，可以通过法律解释的方法，对现行法律做扩大解释，进而将人工智能纳入法律主体的范畴。②

5.人道主义说

该学说认为：人类法律在建构法律主体的规范路径时，必须超越狭隘的"人类中心主义"或者"人类沙文主义"，而应秉持新人道主义，将所有具有生命形态的动植物都考虑在法律主体的范畴。因为万物皆有灵性，其区别仅仅在于精神或者灵性层级不同。所以，一旦人工智能具有"自主思维"，那么，同样可以成为"精神载体"，具有"灵性"。③

---

① 周晓俊，张申生，周根春.基于约束的智能主体及其在自动协商中的应用［J］.上海交通大学学报，2005（4）：574-577.

② 陈吉栋.论机器人的法律人格：基于法释义学的讨论［J］.上海大学学报（社会科学版），2018，35（3）：78-89.

③ 孙建伟，袁曾，袁苇鸣.人工智能法学简论［M］.北京：知识产权出版社，2019：42.

6. 主体发展说

该观点认为，从历史演变来看，法律主体的范畴一直在扩展着。如从男性扩展到女性、儿童、异族等。人工智能能否成为法律主体应当根据社会实际的发展变化而进行相应的转变。该观点并没有直接回答人类的法律规范应当何时选择这种转变，但从态度上，对人工智能具备法律主体资格持积极态度。

（三）有限人格说

有限人格说主张，人工智能具有独立自主的行为能力，能够享有权利并承担责任或义务，但是由于人工智能承担行为的后果有限，应适用特殊的法律规范与侵权责任体系安排。[①] 该观点所谓的人工智能有限，实际上是针对"行为能力"有限，而非"权利能力"有限。换言之，这种有限性是针对行为的法律后果承担问题，而不是严格意义上的主体资格问题。严格意义上讲，该学说应该属于人格肯定说。但是，与最积极的法律主体肯定说又有所区别。这两种观点最大的差异主张在于行为能力是否受限。

在主张有限人格的观点中，还可以包括"次等法律人格说"与"位格加等说"。次等法律人格说赞同人工智能具有所谓的有限法律人格，但其所谓的"有限"更主要体现于与人类法律地位相比较而产生的优劣等级，也即人工智能的法律人格确认必须从人类权益出发，运用法律拟制技术赋予其次等法律人格。[②] 这种"次等属性"是基于与自然人的人格进行比拟而形成的。位格加等说主张在"赛博格"与"赛博人"时代，法

---

① 袁曾 . 人工智能有限法律人格审视［J］. 东方法学，2017（5）：50-57.

② 孙占利 . 智能机器人法律人格问题论析［J］. 东方法学，2018（3）：10-17.

律拟制技术正从人类中心主义向"超人类主义"转换——这不是把低于人类的事物拟制到人类的位格等级，而是要把人向"超人"的位格来提升与拟制。①

（四）人工类人格 / 伦理物格说

人工类人格说主张，赋予人工智能类似或者接近自然人自然人格的法律地位。这是一种人为创造或者说法律拟制的人格，不存在自然界生物学上的交合、繁衍、生息、更替的过程。人工智能是人类制造的成品，但并非凝聚人类意志的拟制人格，不应具有法人的主体地位。但是，人工智能具有人类的某些智慧与外形，能够通过深度学习提升其智能水平，因此需要从现实需要的角度出发，赋予其接近人类自然人格的法律地位，但需要与人类的法律人格勾勒出一条泾渭分明的界限——人类的法律人格意味着人类可以享有权利与履行义务，但是，人工智能无法享有法律或者约定权利与履行法律或约定的义务，其权益由其操控者享有。究其本质，人工智能仍然应当被界定为物的范畴。尽管都是物，但物的发展已经呈现出类型化特征，故而，应当将物区分为"伦理物格""特殊物格""普通物格"三种类型。人工智能应当被定为"伦理物格"，具备比其他物更为优越的法律地位。②

（五）中介 / 中体说

该学说主张，我们应当勇敢地转换主客体二元思维范式，敢于改变"主体—客体"的二元结构立法模式，建立"主体—中体 / 中介—客体"

---

① 孙占利.智能机器人法律人格问题论析［J］.东方法学，2018（3）：10-17.

② 杨立新.人工类人格：智能机器人的民法地位——兼论智能机器人致人损害的民事责任［J］.求是学刊，2018，45（4）：84-96.

的三元法律逻辑结构与立法模式，明确人工智能的"中体/中介"法律地位。也即人工智能是介于人与物之间的过渡存在，应该处在既非人又非物的"受特别尊敬"的地位。① 在主流的学说中，人们关于人工智能的法律地位讨论，最直接的根源在于法律主客体二分的思维范式或者观察惯性。随着经济社会的发展，传统的主客体二元制结构框架已然被打破，主客体之间这种不可逾越的鸿沟现在正发生动摇。② 所以，值得留意的思路是：在主体与客体之间，是否应当具备一种特殊地位的"中体"或者"中介"？它既是主体，又是客体，但与两者有着实质性的差异。"中介/中体"理论提示着我们这样的逻辑：人工智能不同于任何既存的传统事物或者实体，简单将其作为客体（物）看待或者直接将其作为法律主体（人）对待似乎都不甚妥适。究其形态与功能，人工智能"天然地"兼具"工具性"和"类主体性"的属性。故而，充分承认这两种属性，并进行融合改造，将其视为介于主客体之间的特殊存在——"中介/中体"，不失为一个明智的选择。当然，按照"中介/中体"的学说，应当纳入"中介/中体"范围的实体除了人工智能以外，还可以包括动物、植物、受精胚胎等。这些实体可享有特殊的法律地位，高于普通物，但又劣于人类；在制度建构上可共享或者适用相同或相似的法律模型或者法律方案。

---

① 笔者在2017年指导学生撰写毕业论文时，曾给学生提供一种思路，即借鉴徐国栋老师在《体外受精胚胎法律地位》的文章中提出的一种观点，将人工智能视为"主体—客体"的过渡存在。该毕业论文经过修改后，部分文字载于2018年8月在福州举办的"海峡法学论坛"学术论文集中。详见徐国栋.体外受精胎胚的法律地位研究［J］.法制与社会发展，2005（5）：52-68.

② 吴汉东.人工智能时代的制度安排与法律规制［J］.法律科学（西北政法大学学报），2017，35（5）：128-136.

（六）人工智能法律地位的论证与评介

对于人工智能是否以及能否被赋予法律主体的问题，是仁者见仁、智者见智。但至少在当下，人工智能不应被赋予法律主体地位的主张是主流观点，包括工具说，甚至人工类人格或者"伦理物格说"。如果不是这样的话，人工智能的法律主体地位或许早就为众多国家的立法所确认，而人工智能是否应当被赋予法律主体地位的问题就不能成为问题。然而，值得注意的是，人工智能应当被赋予法律主体地位的主张或者观点，正成为一种重要的"显性"学说，并日益引起各界的重视。

对于人工智能应当被赋予怎样的法律人格，至少有三种立法思路。第一种思路是赋予其完全法律人格，也即人工智能完全与（完全行为能力）自然人、法人等具有同等的法律地位，得以"自己的名义"参加法律关系，享有权利／权力，并承担相应的义务。第二种思路就是赋予其有限的法律人格，承认其有限的法律主体资格。设定人工智能法律人格的有限性，其重要依据之一是人工智能"价值观的形成"与人类毕竟存在根本不同，而且"人工智能的深度学习与应用主要依靠的是各种复杂的算法与数据记录应用，在运用算法的过程中，很难保证人工智能的每次独立自主行为均能做出合理合法的价值判断。"① 所谓"有限"，可以从三个层面来理解——人工智能具有法律人格化的适格性限制；权利能力的限制以及行为能力的限制。严格来说，人格化的适格性问题，主要是针对那些人工智能应当被赋予法律主体资格的问题，而与"有限"法律人格的实质内涵有所不同。所以，这里的"有限"主要是指权利能力与行为能力的"有限性"。至于将这种"有限性"应当限定在怎样的程度与

---

① 袁曾. 人工智能有限法律人格审视［J］. 东方法学，2017（5）：50-57.

范围，在立法态度上则有着无限的可能。第三种思路就是完全否认人工智能的法律人格化可能，拒绝承认人工智能对法律主体理论与法律体系的冲击。① 第三种是中介 / 中体说。这样的思路是对传统主客体认识论范式的重大转变，面临着重要的理念革新。

诚然，完全否认人工智能应当被赋予法律主体资格的思路，在当下不一定是最优，但应该是一种次优的选择。法律是人们为了规范社会秩序所制定的规范制度……法律既然是为了人类的生活而存在，那么，因时制宜原则是十分重要的。也就是说，法律不能追求稳定而固守，而应当适应人类的需要不断进行修正。如果说要有历史的制度积累，又要基于当下社会现实，同时要有立法前瞻与未来引领力，那么，"人工类人格 / 伦理物格说"似乎是最优的最优选（或者是次优的最优选）。如果要考虑主客体二分范式的转变，那么，中介 / 中体说也是值得好好珍视的重要理论学说。但是，如果从科技发展以及法律"进步"的角度来看，第一种思路以及第二种思路绝对具有被讨论的价值。

在笔者看来，第一种思路，即承认人工智能具有法律人格的"完全性"，在人工智能法律主体制度的建构方面，似乎走得太激进。这既过分地超越了法律的保守性格，也过度地超越了人们的朴素预见能力。所以，在赋予人工智能法律主体资格的道路上，"有限性"似乎是最为妥适的思路，也是最应当被考虑的路径。无疑，不论是主张人工智能应当被赋予

---

① 或许，还有一种思路，就是将人工智能世界与自然人世界进行区分，并确立法律的二元架构。在人工智能的世界中，应当有一套这样的法律，由人类制定，但该法律仅适用于人工智能；在人工智能的"法律"体系中，人工智能被赋予"法律主体"，但是，在自然人的世界里，人工智能仍然是法律客体。参见王勇.人工智能时代的法律主体理论构造：以智能机器人为切入点［J］.理论导刊，2018（2）：63-70.因水平有限，笔者可能对该文存在误读与误解。所以，必须声明的是：这是笔者阅读王勇一文而"揣度"出来的一种思路。

法律主体地位，抑或是反对人工智能被赋予法律主体地位，都饱含着众多的法律焦虑与智慧碰撞。不论法律政策最终如何走向，人工智能法律主体性的讨论，都将深刻地影响着人类的生存与发展。

四、人工智能"主体"地位的实现路径

（一）人工智能"主体性"的践行方案

如果法律规范承认了人工智能的法律主体性，那么，我们将怎样进行人工智能法律主体性人格的制度建构？

笔者认为，在立法技术上，对于赋予人工智能法律主体资格的问题，至少有三种实现路径或者践行方案。第一种就是借鉴自然人制度，规定人工智能均具有相同的"权利能力"，但具有不同的"行为能力"，即根据人工智能的"智能与思考能力"等将其划分为完全行为能力、限制行为能力以及无行为能力或者更多形式的行为能力。这种方案最大的困局或许在于如何区分人工智能的"智能与思考能力"，并设定为不同的"行为能力"。第二种就是借鉴法人格制度。① 在具体的操作上，还存在着有限责任制、无限责任制以及有限责任制与无限责任制相结合三种细化方案。第三种就是创造一种全新的法律主体资格制度。这种方案完全抛弃既有的法律主体资格制，是根据人工智能的特殊性以及人类的伦理价值需求，而创设一套区别于自然人人格、法人格制度的新的主体资格制度。这种方案的优点就是可以甩开"历史与理论包袱"，进行"自由自主"的

---

① 法人格应该有广义与狭义理解的区分。在广义上，法人格制度是指凡是被赋予法律主体资格的组织体（包括狭义的法人，如有限公司、股份公司，也包括合伙企业、个人独资企业等）所建构起来的主体资格制度，均为法人格制度。为了表述简洁考虑，本书从广义上来进行讨论。

制度创造，但其中的困境也比较明显，就是这种制度创造是"前无古人"的工作，没有任何的经验可以模仿与参照。这种状况很容易使得这种制度"创造"制造"制度灾难"。即便不一定是"制度灾难"，但是，其可适性与正当性都可能面临着重大的指责与质疑。所以，相对稳妥的立法技术，应当是适度借鉴自然人人格与法人格制，并进行一定程度的制度创新。区别于制度创造的"从无到有"，制度创新强调"点到线，线到面"的渐进式革新。

（二）人工智能有限人格化的制度建构

"人格即国家赋予自然人、社会组织或目的性财产充当民事主体的资格。尽管都是国家赋予的，但古今人格很不同。"[①] 在古罗马法中，人格制度是生物人与法律人区分的法律表征，是制造人与人之间不平等的一种制度性工具。但在现代法中，人格制度已经褪去了人与人不平等性的标签，衍化成为平等性的象征与保障。然而，在社会秩序的组织与规范以及法律关系的建构方面，若任何主体均完全平等，均具有毫无差别的"人格"，则并不利于法律机制的调整功能发挥。所以，自1900年《德国民法典》颁布以来，人格制度被进一步衍化成"权利能力""行为能力"乃至"责任能力"。

"权利能力"是"足以拥有权利或担负义务的资格"的法律抽象。但是，"权利能力只是得以享有权利或者承受法律关系的资格，并不意味着一切的权利、法益或者法律关系会对权利主体自动地发生。"[②] 所以，当法律主体要以行为发生变动法律关系时，就需要具备另一种能力，即

---

① 徐国栋.民法哲学［M］.北京：中国法制出版社，2009：73.

② 龙卫球.民法总论［M］.2版.北京：中国法制出版社，2002：166.

"行为能力"。"行为能力"强调的是，法律主体能否以自己的实际行为来承受权利以及担负法律义务。从某种意义上讲，权利能力是某一实体被视为法律主体的一种静态确认，而行为能力则是某一实体能否切切实实地成为法律主体的一种资格确认。责任能力，有时候被称为不法行为能力，可以被视为是一种广义上的行为能力。其基本内涵在于表述法律主体对自己的过失行为承担责任的能力，既适用于实施侵权行为的情形，也适用于违反合同的情形。①

根据权利能力、行为能力以及责任能力的设定，并综合借鉴自然人人格与法人格制度，对于人工智能法律主体制度，可以考虑以下具体的方案：

第一，对于人工智能的"权利能力"取得，应以登记为准。若未经登记，不得享有"权利能力"，不被视为"法律主体"。为了保障登记的统一性与权威性，应由具有审核职权的行政主管机关来负责统一的登记备案工作。当前，我国法律规定法人类型较为多样，如有营利法人、非营利法人、特别法人，而登记机关也有所不同。就人工智能的"主体资格"登记问题，市场监督主管部门（即传统的工商行政管理部门）或者民政部门或者科技主管部门（如工业与信息化部），都可以被考虑设立为统一登记部门。比较而言，市场监督主管部门似乎更为妥适。主要的理由是：（1）民政部门主要负责社会团体的登记工作，而这些社会团体多为公益性，且或多或少地具有一定的准官方性质，而人工智能很难具有这样的性质。如果考虑将人工智能设定为"家庭保姆"等类似角色，似乎与民政部门的管理职能有一定的关联，但多数人工智能应具有更强的

---

① 拉伦茨.德国民法通论：上册［M］.王晓晔，邵建东，程建英，等译.北京：法律出版社，2003：156.

商业色彩。（2）科技主管部门负责统一登记的优势在于人工智能是高科技运用的产物，与科技主管部门的职责有关联，但劣势在于我国科技主管部门似乎从来就没有承担过类似于法律主体或者法人登记设立等工作；在普通市民的思维惯性中，也从来没有将其作为特定法律主体设立或者创制的登记机关。（3）市场监管部门长期从事营利法人的登记工作，具有场地、设施、设备与人员方面的积累与沉淀，而且，人工智能被设定为法律主体的目的之一就是运用商业目的，这恰恰与市场监管部门的职责相关。

第二，诚如学者所言，机器人（人工智能）与自然人的差异不同于自然人相互之间或与动物之间的差异。所谓"动物权利"的赋予是人类主动选择或者行动的后果，而非与既得权力/权利者"谈判"、博弈的结果，但有"能力"的机器人（人工智能）完全可能具有这样的能力和机会为自己争取权利。① 所以，机器人权利能力设计的重要问题之一就是如何确定哪些机器人应当取得哪些权利，以及由谁来确定哪些机器人取得权利。从借鉴法人格角度来看，人工智能"权利能力"的范围，要受到法律、行政法规的限制，以及目的事业的限制。比如，法律、行政法规可以基于特定的法律政策，而对人工智能的"权利能力范围"进行限制。诸如人工智能能否享有"生命权""健康权""配偶权"等，法律、行政法规均可做出特别的限制。有学者曾颇为忧虑地指出："若其具有人类完全相同的法律地位，则是否会出现人工智能机器人享有婚姻权同人类通婚，从而导致现行法律体系逻辑乃至人类赖以生存的伦理社会的崩

① 张长丹.法律人格理论下人工智能对民事主体理论的影响研究［J］.科技与法律,2018（2）:37-43.

塌？"① 窃以为，这种忧虑，在科学的法律政策下，是可以消除的。在当下，那些具有"生理"与"精神"性质的专属性人格权与身份权，不宜赋予人工智能，而仅赋予其"姓名权""名誉权"等人身权以及财产性权利，如著作权、专利权等。仅就其得以享有的姓名权、名誉权等人身权以及著作权、专利权等具有"智力性质"的财产权，其法律保护力度要弱于自然人的类似权利。这主要是考虑到这些权利对于人工智能的意义以及社会公益性。比如，人工智能生成"作品"的效率远远高于人类智慧。如果给予人工智能生成物与人类智慧创作的作品相同的保护水平，则不利于人类的智慧创造。若再考虑深远一些，人工智能能否享有政治性的权利，如选举权与被选举权、言论自由权、集会结社权？从谨慎与保守的角度考虑，我们宜从司法上的权利开始尝试与摸索，而暂时否认人工智能的公法性权利／权力。

第三，对人工智能实行"无财产无人格"。即人工智能若要被赋予相应的权利能力，必须以有一定的财产为基础。这些财产，既是人工智能成为法律主体的前置性条件，也是人工智能成为法律主体后对外承担法律责任的基础。对于财产额度与财产类型，可以暂时借鉴一人公司的思路，以10万元为宜，且须是可转让或者可变现的财产。作为承担责任的基础，该财产可以由人工智能的实际控制人来出资，并在登记机关中进行登记。该财产具有相对的独立性。人工智能的实际控制人不得擅自转移或者处分，否则，必须以自己的财产来对外承担责任。若人工智能"名下财产"少于法定额度，则必须消灭其法律主体资格，除非其实际控制人补充财产。

第四，作为法律主体的人工智能，其"自有"财产范围包括实际控

---

① 袁曾. 人工智能有限法律人格审视［J］. 东方法学，2017（5）：50-57.

制人的出资，也包括人工智能"积极创造"或者"经营"而获得的财产。例如，人工智能积极"创造"，并生成具有重大市场价值的"作品"（生成物），并通过这些生成物的许可、转让、信托等获得高额的经济回报。

第五，赋予人工智能有限"行为能力"。即人工智能可以其"自己的名义"对外实施"法律行为"或"事实行为"，并依法承担相应的法律责任。这里的"有限"，主要是借鉴自然人的限制行为能力机制。自然人行为能力的限制，主要是针对其年龄与精神智力状况，但人工智能不存在这一问题。所以，这里的"限制"主要是针对人工智能的财产而设定的。考虑到其独立承担责任的可能性，故宜规定人工智能得以"自己名义"实施的法律行为，并且具有完整法律效力的，仅限10万元以下的财产。10万元以上的财产处分行为或者其他法律行为，其行为效力为效力待定，由其实际控制人来确认，并由实际控制人来承担补充责任。

第六，人工智能实际控制人角色类似限制行为能力人的"监护人"以及公司制中的股东，有相应的决策权。人工智能的实际控制人可以是一个自然人，也可以是数个自然人，更可以是法人或者其他组织。人工智能要成为法律上的主体，必须有相应的实际控制人，并由实际控制人办理相应的登记手续。实际控制人对人工智能所承担的责任，原则上以其出资为限承担责任，但是，对于人工智能实施的"效力待定行为"，则承担补充责任。

第七，人工智能的实际控制人，主要是指人工智能的"所有权人（所有者）"，而不是人工智能的设计者或者生产者（制造者）。若人工智能的设计与生产存在着重大瑕疵，并导致人工智能的"所有权人"遭受损害，则人工智能"所有权人"得向设计者与生产者进行追偿。追偿的范围包括"所有权人"所承担的责任范围以及追偿而产生的合理费用。

当然，这里也存在着这样的一种担忧，即"人工智能的短期影响取决于谁控制人工智能，而长期影响则取决于人工智能到底能否受到任何控制"。①其实，只要人工智能伦理规范建立，并形成良性的制约，这种控制的问题，至少在短期内不用再去思虑。正如未成年人的成长，同样存在着是否受父母控制的问题。我们不能因为担心未成年人的成长，而扼杀其成长。

第八，人工智能的识别与区分——这在立法上也是一个重大问题。正如美国科学家瑞恩·卡洛等人所言："如果人类严重沉浸在和机器人相处的社会里，那么法律就不得不决定对机器人进行分类。"②毫无疑问，若人工智能被赋予法律主体资格或者被法律人格化，其所面临的一个问题就是，哪些类型的人工智能才能被赋予法律主体资格或者被法律人格化。在此，笔者认为：我们应赋予强人工智能以法律主体资格，而暂否认弱人工智能的法律主体资格。这样的设计，其实也是为了便于人工智能的控制与识别。从当前情况来看，弱人工智能的应用具有较高的普遍性，即应用的程度与领域非常广泛，而且，其生产与设计也较为容易完成。强人工智能则主要处于假说阶段。即便要生产与制造，也存在一定的难度。也就是说，强人工智能的生产与制造需要较强的技术基础与创造，往往只有少数的高科技企业才能完成，而且生产与制造强人工智能的费用通常较高。这种状况，就会在客观上限制强人工智能的生产量与应用程度。这种情况也恰恰能够符合法律的保守性需求。在具体设计上，可对被赋予法律主体资格的人工智能进行特别标记（比如，可以考虑要求其具备

---

① 袁曾.人工智能有限法律人格审视［J］.东方法学，2017（5）：50-57.
② 卡洛，弗兰金，克尔.人工智能与法律的对话［M］.陈吉栋，董惠敏，杭颖颖，译.上海：上海人民出版社，2018：3.

相应的人体形态，建立可随时随地进行识别的系统，在其外观上明确标注其"姓名"或其他类似标记等）。另外考虑的就是，要求具有生产制造强人工智能的企业或单位，必须获得相应的行政审批，且建立完备的识别系统与控制系统，规范与严格限制强人工智能生产的质与量。没有办理行政审批的任何单位均不得设计或生产可以被赋予法律主体资格的强人工智能。此外，强弱人工智能的区分，需要依赖科技方面的专业判断。换言之，是否属于强人工智能，应由科技界确定一个行业标准。

第九，人工智能法律主体资格的消灭。人工智能法律主体资格的消灭是指基于法定的事由，人工智能被剥夺主体资格。这种机制类似法人主体资格的消灭。主要的消灭事由可以包括：人工智能"严重毁损，无法实施相应的法律行为"；人工智能"死亡（即彻底报废，无法修复）"；人工智能设立主体的根本目的无法实现或者资不抵债，而由其债权人或者实际控制人请求或者决议消灭其主体资格。基于善意第三人利益的保护，人工智能主体资格的消灭以登记为准。非经过清算，以及注销登记，不得消灭其主体资格；未经清算而径行注销登记的，由实际控制人承担资不抵债的所有法律后果。

第十，如果人工智能主体消灭并进入清算程序，则人工智能实际控制人尚未出资以及未真实出资的财产，均应纳入清算财产范畴。人工智能基于"自主创造"或者"经营"而获得的财产或者相关权益，如生成物，也应纳入清算的财产范围，并因此以此对外承担责任。

第十一，如果人工智能的实际控制人将人工智能的财产与其自己的财产进行混同，则应适用"刺破法人面纱"原则，在人工智能财产不足以对外承担责任时，由人工智能的实际控制人就人工智能的债务（法律责任）对外承担连带责任。

（三）人工智能"主体性"的命题延展

人工智能的法律主体性的制度建构，实际上仅是人工智能无数深刻法律命题的一部分。仅就人工智能的法律主体建制问题，有太多的法律问题值得思量。比如，人工智能被授予法律主体资格的条件应当是什么？包括哪些条件？如何判断这些条件？由谁来判断？若人工智能与人类就其法律主体资格产生争议时，又该如何处理？人工智能是否应当享有"人身权"？人工智能能与人类结婚吗？在人工智能"人身权"保护方面，是否应当实行"弱保护"原则？如果是"弱保护"，应当做到怎样程度的弱保护？这种"弱保护"的正当性与合理性如何？规定人工智能成为法律主体的基础性条件是否应当有财产要求？若需要这样的财产基础，那么，应当有怎样程度的财产要求？这些财产的归属状态如何确认？何人有权决定人工智能主体资格的消灭？……诚然，在有着保守性格的法律世界中，科技的创新与发展，确实给法律带来了太多的革命性课题，而这些革命性课题，不仅不会因为法律自身的革变而不断消减，反而会越来越多，并不断地摧毁着强有力的"法律定式"。所以，在人工智能面前，法律的革命或许才刚刚开始。

对此，笔者在前文部分已经尝试提出一些思路。比如，人工智能的主体资格需要有财产基础以及登记成立。在当前环境下，相关争议仍然应由人类的司法系统来裁决。人工智能可以享有部分具有较高财产属性的人身权或类人身权，如姓名权/名称权，商业秘密权（不宜确认为隐私权，但可类比或参照隐私权）、商誉权/名誉权、荣誉权等。但是，某些与自然人身体特质密切相关的人身权，人工智能不得享有，如生命权、健康权、身体权等。对于人工智能的"人身权"或者"类人身权"宜实行弱保护，而且弱保护的核心宗旨在于维护人类的正常秩序与人类利益的优先性。[①]

五、人工智能作为著作权主体的可能思路

著作权主体是指依照法律规定或者当事人的约定，而就特定作品享有著作权的自然人、法人或其他组织。在范围上，著作权主体包括原始主体与继受主体两种。根据《中华人民共和国著作法》（以下简称《著作权法》），著作权的原始主体是作者以及视为作者的情形。作者是直接创作了作品的自然人（公民）。这也就意味着只有有血有肉的自然人才是当然的作者，没有生命的法人或者其他组织不是作者；即便是有生命，但不是自然人，如大猩猩等，也不是作者。[②]视为作者是针对"法人作品"情形，即"由法人或者其他组织主持，代表法人或者其他组织意志创作，并有法人或者其他组织承担责任的作品，法人或者其他组织视为作者"。既然是视为作者，就意味着法人或者其他组织不是作者，而是法律规范基于特殊政策需要。继受主体包括受让人、继承人等。从严格意义上讲，特殊职务作品的归属中，署名权属于作者，这是原始主体；其他著作权归属于"单位"，则属于继受主体。这可视为单位员工（自然人）将著作权因"法定"或者"约定"而转移给"单位"享有。

如果人工智能具备法律主体资格，那么，人工智能能享有著作权吗？是作者吗？

---

① 因本书主要讨论人工智能的著作权法问题，故对于其他领域的法律问题，暂不做拓展性讨论。
② 在知名的"大猩猩自拍照"纠纷中，否认大猩猩为作者，几乎是学术界的共识。

（一）人工智能作为作者

在著作权法上，作者是一个核心的概念。这是因为著作权法是围绕着作者创作的作品而建构起来的法律规范体系。从某种意义上说，作品是著作权的根据，而作者是作品产生的根源。在有些国家，著作权被称为"作者权"，以此宣扬著作权制度的目标与根源。正是基于这样的认识，世界上多数国家的著作权立法都明确了作者在著作权法中的核心地位。我国《著作权法》第1条亦明确申明："为保护文学、艺术和科学作品作者的著作权……根据宪法制定本法。"然而，作者是谁？谁才是著作权法上的作者？在文学家的笔下，有的作者囿于传统而在现实的边缘中苦苦挣扎着，是"痛苦迷茫的困惑者"；有的作者在寻找精神家园中凄惶着、寂寞着，是"精神空虚的孤独者"；有的作者则慎思、多情而踽踽独行于黑暗中；有的作者以笔为工具，身先士卒，独树一帜，是"解脱心灵的救赎者"，是社会的良知与改革先锋[①]……在人们的日常印象中，作者常常是才华横溢、学富五车、才高八斗，有着先知般的品格……那么，这些形象所指针的对象是著作权法上的作者吗？

在著作权法历史上，作者有两种立法思路。第一种可以称为浪漫主义作者观；第二种可以称为实用主义作者观。在浪漫主义作者观念主导下的著作权法，作者一定是有血有肉、慎思多情的自然人。换言之，著作权法中的作者角色，一定与文学所塑造的作者形象具有高度的契合性，也与人们"朴素认知"相同。采用这种立法理念的国家，如德国、法国以及中国。正如前文所述，我国《著作权法》的作者一定是有血有肉的自然人。实用主义作者观的立法，作者仅仅是一种法律上加以规定、描

---

① 姚艳梅.痛苦的探索，灵魂的超越：解读索尔·贝娄笔下的知识分子形象［J］.电影文学，2011（5）：114-115.

述性的存有者，并不必然是一位有血有肉的人。他可能是有血有肉、有
感知、有智慧、有逻辑能力的自然人，也可能是法人等法律拟制之主体；
可以是参与实际创作的人，也可以是提供资金等物质支持投资者或提供
组织工作的主体。作者仅仅是支撑著作权法正当性的符号表达，著作权
法的真正目的是多元性的，包括创作者、投资者以及其他因素。① "不把
作者身份赋予实际的撰写人，而是把他赋予那些拥有可使作品获得权威
的人"，"名义上的作者仅仅被视为营销工具"。② 采用这一立法理念的代
表性国家有美国、英国等。

如果我们坚持严格的浪漫主义作者观，那么，人工智能就一定不能
是作者。这不是因为人工智能不具备"智慧创造"的能力或者情感要素，
也不是因为人工智能不具备"创作"的能力，而是因为人工智能不是自
然界的"血肉之躯"。如果我们的立法愿意采用更为务实的实用主义作者
观，那么，人工智能就可以成为作者，并因此成为著作权的原始主体。

笔者认为，坚持浪漫主义作者观，是我国《著作权法》的底蕴，也
是我国《著作权法》为我们普通百姓所理解与信仰的重要根据。实用主
义作者观尽管务实，但从来就不是我们的传统。19世纪的历史法学派认
为，一个民族的法乃是该民族以往历史和精神的产物，一如其语言和习
惯。③ 如果一项制度不能与我们的文化、我们的传统进行有机对接，我们
将可能陷入无法解脱的精神困境之中，出现"法律死亡"的征兆——"一
个民族吸收外来文化，如果不能使之与本土文化相融合，难免陷入尴尬

① 熊琦.著作权法中投资者视为作者的制度安排［J］.法学，2010（9）：80.
② 波斯纳.论剽窃［M］.沈明，译.北京：北京大学出版社，2010：27-32.
③ 梁治平.法辨：中国法的过去、现在与未来［M］.北京：中国政法大学出版社，2002：61.

境地，旧的也遭破坏，新的却无以产生"。① 简言之，任何法律制度的设计都无法割裂与自己的历史及文化传承的联系。因此，如果我们在赋予人工智能法律主体地位的基础上来讨论人工智能能否以及如何成为著作权主体的法律命题时，比较适宜的方式还是选择在我们的法律文化的土壤上继续酝酿未来，即以现行主流价值理念为根据进行制度的创新。基于此，人工智能不宜被认定为作者，但是，可以将其"视为作者"。"视为作者"的表述，意味着人工智能可以成为著作权的原始主体，也可以成为继受主体。同时，这一立法表述将人工智能的"创作"与人类智慧创作进行了身份区分，也为人工智能"创作物"或者"生成物"的权属配置上的差异化设计提供了逻辑前提。

（二）人工智能作为著作权的继受主体

如前文所述，继受主体不是因"智慧创作"而成为作品权益享有者，而是因法定或者约定的原因导致作品权益从其他主体转移给该主体承受。既然如此，在确认人工智能具备法律主体资格的前提下，人工智能当然具有成为著作权继受主体的适格性与可能性。

如果法律规范确认人工智能具有法律主体的适格性，那么，人工智能主要是基于以下原因成为继受主体。

（1）受让。即著作权的原始主体基于合意，在遵循等价有偿原则的情况下，将作品权益转移给受让者。人工智能基于受让原因而成为著作权的继受主体，需要其已经被确认为法律主体，具备形成"合意"的"行为能力"。在广义上，受让而成为著作权主体，还可以包括赠与、互易（以物易物）、信托等事由。这些事由都需要基于合意。没有合意基

---

① 梁治平.法辨：中国法的过去、现在与未来［M］.北京：中国政法大学出版社，2002：250.

础，则不成立所谓的赠与、互易、信托。

（2）出资。如前文所述，笔者认为，如果要赋予人工智能以法律人格，则须秉持"财产责任制"。换言之，必须有特定的财产作为其具备法律人格的基础条件。这种"财产"的原始"积累"来源于控制者的出资。在获得出资并经过登记，确认人工智能主体资格具备的情况下，人工智能可以基于"增资"而成为著作权的继受主体。

（3）合并/分立。两个以上的人工智能可以基于"登记"而成为"独立"的法律主体。这可以类比适用合伙或者法人。如果该"合体"分立，则分立之后"新设"的人工智能可基于这一"分立"事由成为某一或某些作品的权益享有者，也即继受主体。同理，单独的人工智能可以基于"吸收合并"而使得"合体"的人工智能成为著作权的继受主体。与合并/分立类似原理的继受原因是继承。因继承是建立在血亲、姻亲等基础上，而这种"人伦关系"不应在人工智能中适用。故严格意义上的继承不是人工智能成为著作权继受主体的原因。

（4）雇用。雇用可以包括两种情形。第一，人工智能是"其他人工智能"或者"自然人"的"用人单位"，而"其他人工智能"或者"自然人"基于"职务/职责"完成的"作品"，则作为"用人单位"的人工智能可以成为作品著作权的继受主体。第二，人工智能委托"其他人工智能"或者"自然人"创作，且委托合同明确约定该著作权属于委托人。

第三章　人工智能与著作权制度的理论基础

著作权制度的理论基础，目的在于揭示或者阐明著作权制度的合理性与正当性。只有具有合理性与正当性的法律制度，才足以获得人们的信仰与遵从。从法律制度设计之初，著作权即被视为一种财产权而被各国制度践行着。因此，著作权制度的合理性与正当性的阐释，也主要是以传统财产权理论基础为依据进行修正或拓展。

一、劳动学说与人工智能

（一）劳动学说的理论主张

劳动学说是被用以证明财产私有的重要理论。劳动学说最早或可追溯至罗马法。在古罗马人看来，自然法或者自然理性是承认先占得以成为财产从自然状态转化为私有的正当性基础。"自然法是自然教授给所有动物的法律……因此，野兽、鸟类、鱼类，换言之，一切出自大地、海洋、天空的动物，一旦被某人捉走，它们立即按照万民法成为他的。事实上，先前不为任何人所有的物，根据自然理性，它被给予先占者"。[①]除了先占这样的"劳动形态"外，古罗马法学家对私人获得所有权的正当性解释还包括添附、加工等"劳动"形态。"一个人通过自己的劳动和

---

① 优士丁尼.法学阶梯：第2版［M］.徐国栋，译.北京：中国政法大学出版社，2005：115.

努力所创造的东西属于他自己的"这样的理念似乎深入人心。①

　　在 17 世纪，英国约翰·洛克（John Locke）以自然权利为基础，依据"共有""劳动"等要素，有效地对土地等有形财产的合理性与正当性进行了分析与论证，被认为是"财产权劳动学说"的典型代表。洛克认为："他的身体所从事的劳动和他的双手所进行的工作，我们可以说，是正当地属于他的。所以只要他使任何东西脱离自然所提供的和那个东西的所处状态，他就已经掺进他的劳动，在这上面加入他自己所有的某些东西，因而使它成为他的财产。既然由他来使这件东西脱离自然所安排给它的一般状态，那么在这上面就他的劳动加上了一些东西，从而排斥了其他人的共同权利。因为，既然劳动是劳动者无可争议的所有物，那么对于这一有所增益的东西，除了他之外就没有人能够享有权利，至少在还留有足够的同样好的东西给其他人所共有的情况下，事情就是如此。"② 从上述论述来看，洛克所谓劳动得以将财产私有化的前置条件是财产处于由所有人共有的原始状态，即"土地和一切低等动物为一切人所共有"。这里的"共有"不是积极意义上的共有，而是指"消极意义"上的共有。所谓"积极共有"是指财产或者资源为全体共有人共同控制，任何人要对该财产或者资源行使权利都必须经过全体共有人的同意或者授权。这种"积极共有"也是我们现代法律语境下的财产共有。"消极共有"则是指资源或者财产不属于任何人，任何人都可以对该资源或者财产行使权利。③ "对于他能以他的劳动予以影响的一切东西，他都享有财产权；凡是他的勤劳所及，以改变自然使其所处的原来状态的一切东西，

① 丁丽瑛.知识产权法［M］.2 版.厦门：厦门大学出版社，2007.11.

② 洛克.政府论：下篇［M］.叶启芳，瞿菊农，译.北京：商务印书馆，1964：19.

③ 德霍斯.知识财产法哲学［M］.周林，译.北京：商务印书馆，2008：3 .

都是属于他的"①的信仰与规范逻辑。

劳动学说切合人们朴素的情感认知。在自然资源相对丰富而人类对自然资源的开发能力相对有限的背景下，这一理论具有强大的理论说服力，曾被视为财产权私有理论的"圭臬"。所以，在著作权等无形财产权制度生成/创制之后，尽管该学说不论是在古罗马，抑或是在洛克时期都是针对有形财产（传统物权范畴），但这不妨碍人们将这一理论延伸到智力创造成果的私有上。"洛克的劳动理论深深地影响到了知识产权领域，以致在当代学者和实务界人士乐意运用劳动理论透视知识产权问题"。②知识成果是基于作者或发明人等主体对公有领域的"思想""信息"进行综合加工与创新的产物，而作为其素材的"思想""信息"所处的"公有"状态，与洛克"财产权劳动学说"所谓的消极共有模式是完全契合的。③作者通过智力劳动对公有领域的思想与信息进行加工和创新，是典型的劳动形态。尽管与传统劳动形态与样式有所区别，但比较而言，"作者的劳动果实似乎不会比其他劳动者创造有形物的努力包含的要少，因此更应给予财产的地位和专有权。没有什么能够证明著作权在服务于公共利益方面不如其他种类的个人财产"。④

（二）劳动学说的"失灵"

劳动学说是基于传统资源配置状况与劳动形态的观察而形成的理论。尽管该学说被延伸到智力创造成果的私有上，但是，该学说还是需要进

① 洛克.政府论：下篇［M］.叶启芳，瞿菊农，译.北京：商务印书馆，1964：30.

② 冯晓青.知识产权法哲学［M］.北京：中国人民公安大学出版社，2003：126.

③ 刘鑫.人工智能对知识产权制度的挑战与破解：洛克"财产权劳动学说"视角下的路径选择［J］.云南社会科学，2020（6）：138-145.

④ NIMMER M. B., Nimmer D. Nimmer on Copyright［M］. 3th ed. New York：Matthew Bender & Company, Inc. 1985：1-30.

行适当的"调正"与"阐释"的。从现代法律规范性质与禀赋来分析劳动学说（尽管这种考察或者审视似乎有些过于苛求），劳动学说对财产权影响因素的关注维度有所不足，如除了劳动因素外，缺少对其他要素（包括投资、公共利益等）的影响度关注，也缺少对智力成果"人格性"要素的关注。在现代法律规范中，投资（如货币投入）以及组织决策，特别是雇用（也可以包括委托）关系等因素，在现代法律规范中可能成为影响财产权归属确定的要素。

"概因著作权领域的劳动具象化为创作，其不仅决定着著作权保护的宏观正义，而且决定着著作权授予的微观正义。"① 在人工智能语境下，劳动学说的阐释似乎面临着更多的理论困局。这主要表现在以下两个方面。

第一，从主体性角度考量，人工智能创造活动脱离了传统的"劳动"范畴。人工智能能否成为法律主体在当前仍备受质疑。如果人工智能不是法律主体，那么，就不存在所谓的"劳动"。因为劳动是主体所实施的一系列改造自然、改造世界的活动。换言之，劳动是主体所实施的活动，没有主体便没有劳动。如果从工具论角度来看，人工智能虽然需要依赖于人类的编程规划与设定，但是当人类完成这样的编程规划与设定之后，人工智能是可以进行自主学习与进化的。如果此时仍将能够自主运算、学习与创造的人工智能视为工具，显然超出了人们对工具的定义。②

---

① 曹新明，杨绪东．人工智能生成物著作权伦理探究［J］．知识产权，2019（11）：31-39.

② Bridy A. Coding Creativity：Copyright and the Artificially Intelligent Author［J］．Stanford Technology Law Review，2012（5）：1-28；刘强．人工智能对知识产权制度的理论挑战及回应［J］．法学论坛，2019，34（6）：95-106.

如果人工智能被确认或者拟制为法律主体，那么，人工智能，除了因机器耗材的折旧或者损坏外，可以"不知疲倦"地永远劳动着。对于人工智能而言，劳动并不存在特别的法律价值或者生存意义。比较而言，劳动对于自然人而言却有着重大的意义。诚如前文所言，劳动是人类的谋生手段与谋生方式，也是一种生存态度与生活状态。马克思主义哲学更是将劳动设定为人类生活的第一个基本条件，并认为是劳动创造了人类社会。① 这也是劳动学说被用于解释有形财产，甚至是无形财产（知识产权）私有化的过程中，能够在较高程度上被信仰、被遵循的根本原因。

第二，严格来说，人工智能尽管可以被拟制为法律主体，但在当前主流语境下，其本质仍然是客体，是人类智慧创造的产物，② 那么，人工智能"生成物"则是客体之生成客体，可以称之为"次级客体"（孳息）。如果参照人类智慧创造物（作品）对这一"次级客体"来确定其产权化的标准或者法律保护标准，那么，其可产权化的数量与质量将远远超越人类的智慧。因为人工智能可以通过超强的文本数据挖掘能力与学习能力，轻而易举地满足法律规范确定的可产权化的标准或者法律保护的标准。这将使得著作权法中所谓"独创性"的判断规则成为一纸"空文"，而且，人工智能可以不分昼夜、不知疲倦地"劳动"，其生产或生成的数

---

① 马克思，恩格斯.马克思恩格斯选集：第3卷［M］.中共中央马克思恩格斯列宁斯大林著作编译局，编译.北京：人民出版社，1995：507-508.

② 有学者指出：人工智能具备了一定的自主学习能力，能够接受指令主动反馈结果。这种外在的表象在一定程度上掩盖了人工智能的劳动工具属性，但无论人工智能发展到何种程度，其属性仍是人类的劳动工具。马克思唯物论指出，科学技术的发展带动人类劳动功能物化，并外化为劳动工具；而劳动工具的巨大进步推动了生产力的提升及生产关系的变革。苗成林.马克思劳动论视域下人工智能生成物独创性之否证［J］.编辑之友，2020（5）：87-95.

量可以在数天内超过几千年人类智慧创造的积累。这或许可能导致这样的结果，即人类放弃作品创作的智慧劳动。因为无论如何努力，人类智慧都永远追赶不上人工智能的"生产"或"生成"质量与速度。这也意味着劳动学说被用于检视人工智能"生成物"的权益配置及其权属规则时，便失去了理论意义。换言之，简单以劳动要素为标准来确认"智力劳动成果"私权化以及权属规则不具有自洽性与合理性。

　　或许，在人工智能生成物的保护方面，劳动学说还可以进行视角转换而获得一定程度的适用。这主要表现在两个层面的视角转换：一是将人工智能生成物视为人工智能的设计、生产（包括人工智能相关智能程序的设计）这一人类劳动的成果之一；二是将人工智能生成物视为人类"使用"人工智能这一"劳动形态"的产物之一。对于前者，现行法律制度已经给予足够的关注，即在人类的"设计"与"生产"劳动下，人工智能被视为一种工具与商品，可以被交易，进而使得人工智能的"设计者"与"生产者"可因此获得相应的经济回报。对于后者，在人工智能扮演着更具工具性意义的背景下是可以被认可的。正如，使用电脑进行作品创作，而由使用者获得该作品著作权，常被认为是天经地义的。然而，在强人工智能假说下，人工智能根据不需要人类的"使用"劳动而得以自主"生成"具有作品表征的内容。更何况，使用"人工智能"，而由人工智能"自主创作"，很难被认定为是具有智慧要素的劳动，难以嵌入著作权制度的论证逻辑。

二、人格理论与人工智能

（一）人格理论

在德国哲学家黑格尔看来，法是意志的体现，而人是意志的主宰；只有人才可以称为法的归宿，也只有人，才是法或者权利的主体。[①] 这也就是说，在这个世界上，法律存在的必要性是因为人；人将自由意志体现在法律体系中，才有所谓法律主体的概念问题。人具有进行自我决定的自由意志，这是人的特殊性，也是人优于其他物质实体的根本原因。若人将自由意志体现或嵌入任何其他物质，则该物质便可成为人之所以为人的支撑性材料。"人有权把他的自由意志体现在任何物中，因而使得该物成为我的东西。人具有这种权利作为他实体性的目的，因为物在其自身中不具有这种目的，而是从我的意志中获得它的规定和灵魂的。""所有权所以合乎理性不在于满足需要，而在于扬弃人格的纯粹主观性，人唯有在所有权中才是作为理性而存在的。"[②] 按照黑格尔的观点，思想自由的前提是自我认识或者自我意志不受任何限制；人的人格建立在思想自由或自由意志的基础之上。人只是自由意志或者行为自治的抽象单位，只有在自由意志作用于外部世界的时候，人才能成为真正意义上的人，才是有意义、有价值的人。换个角度来说，意志自由的人想要表达自身作为人的存在意义与价值，必须借助于外部的事物，因为外部事物是与自由的意志相对应，可相互印证的客观存在，是"某种不自由的、无人格的以及无权的东西"。[③] 财产是物的一种意志化的形态，代表

---

① 苗成林．马克思劳动论视域下人工智能生成物独创性之否证［J］．编辑之友，2020（5）：87-95.

② 黑格尔．法哲学原理［M］．范扬，张企泰，译．北京：商务印书馆，1961：52-59.

③ 黑格尔．法哲学原理［M］．范扬，张企泰，译．北京：商务印书馆，1961：59.

着自由意志发展的第一阶段，即自由意志表现为自身人格；财产作为人格的组成部分，通过对其占有、使用、收益与处分或者与其发生各种各样的联系，表明自己的特殊人格。[①] 人通过劳动以及财产权将自己的意志客观化，并表达了他对于他人，以及群体乃至国家或者整个社会的需求与立场。简而言之，一个人要成为一个人，并获得适当的发展，需要对外部环境中的某些资源有控制权。这种控制权的必要保证形式就是财产权。[②] 如果没有必要的财产作为基础与保障，那么，人最为根本的生存与发展需求将无法获得满足，人的意志自由便失去最重要的根据。反言之，如果一个人的意志时刻或者必然性地受到他人支配，那么，我们只能说，这个人是他人的附庸，并无独立的人格可言。遵循"意志"—"人格"—"财产"的逻辑脉络，那么，"财产权是人格实现之保障""人格是财产权获得之基础"的制度正当性似得以证成。

对于精神产品，黑格尔认为，其具有独特性。"依其表现的方式与方法，可以直接转变为物的外在性。"[③] 黑格尔将精神产品区分为艺术作品、发明技术装置、工匠产品等。这种将"思想"物化为可以被人感知的外在表现形式，恰恰是现代著作权法保护的必备要件（表达与思想二分法）。对于黑格尔而言，人格不是一块跳板，而是艺术家和其他创作者获取特别权利的道德基础。智力成果源于个体精神或者自由意志活动的客体化，是创作者自由意志在文学艺术及科学领域的体现，[④] 因此，对艺术家和其他创作者的个体精神或者自由意志活动的客观化结果或者产物，

---

① 丁丽瑛. 知识产权法［M］. 2版. 厦门：厦门大学出版社，2007：14.

② 丁丽瑛. 知识产权法［M］. 2版. 厦门：厦门大学出版社，2007：11.

③ 黑格尔. 法哲学原理［M］. 范扬，张企泰，译. 北京：商务印书馆，1961：76.

④ 刘强. 人工智能对知识产权制度的理论挑战及回应［J］. 法学论坛，2019，34（6）：95-106.

即作品提供充分的法律保护，就是对其人格尊严的充分尊重与有效保障。换言之，作品是人类智力创造活动的产物，与特定的主体人格密切相关，而赋予特定作品以财产权属性，正是保障创作者的人格在财产权的实现过程中得以存在与发展的重要方式。①这也恰是现代化著作权制度建构的信仰基础之一。

以德国法与法国法为代表的著作权法是近现代著作权法的两大代表性立法，被称为作者权制度系。这样的制度系正是受到人格理论的深刻影响而形成的。"法国大革命后，法国法及理论家将作者与其作品之间的亲密关系和神圣的结合视为文学艺术财产权利的来源。因此，法国著作权理论的现代主流观点代表者、已故的亨利德布瓦教授郑重宣传：'作者正是作为一位作者而受保护，其身份是一位创作者，因为有一个纽带将其与其创作的结果相结合'。"②在作者权法律规范中，作品是作者人格的体现与延伸，保护作品就是保护作者的人格；作者人格性差异也是作品具有不同品性与特征的重要原因。

（二）人工智能对人格理论的挑战及其调适

人工智能可自主"创作"产生，使人格理论面临着全方位的理论挑战，并使得"意志""人格""财产"为基本逻辑脉络的人格理论出现证成之难题。这主要表现在以下三个维度。

第一，人工智能的"创作意志"是否就是人格理论的"自由意志"？依黑格尔的论证，可以被称为"自由的"并成为人之所以为人的依据的"意志"是不受外界影响或者制约，能够充分表达的"想法、态度或意

————

① 丁丽瑛.知识产权法［M］.2版.厦门：厦门大学出版社，2007：14.
② 科恩，劳伦，欧科迪奇，等.全球信息经济下的美国版权法［M］.王迁，侍孝祥，贺炯，译.北京：商务印书馆，2016：15.

愿"，是一种关涉创造力、道德感、自尊、情绪与幸福感的一种心理倾向。对于人工智能而言，尽管其可自主"生成"具有"独创性表象"的内容，但是，其从事此类活动的意愿是否是一种不受干涉或者影响的"自由意志"，特别是在人类创造了人工智能并对人工智能的诸多要素或者性能进行规划与设计的情形下？换言之，人工智能"生成""智慧成果"的意愿能否被认为是一种"意志"存在疑问，其所进行的创造活动是否完全体现了自身的"意志"也有待商榷。①

第二，在"人格"要素层面，人工智能似乎难以具备人格理论的"人格"要件。在人格理论的逻辑框架下，"人格"是人之所以为人的基础与根据，体现为法律规范技术便是权利能力的确认。如前文不断指出的那样，人工智能本身是人类创造物。不论是当前的法律规范，抑或是主流学说，并不承认人工智能具有人格属性。这也就是说，人工智能在当前并没有所谓的权利能力或者说具备法律意义上的主体地位。如果是这样的话，人工智能就无所谓"人格"的确认问题，也无须通过财产权来演绎与保障"人格属性"。即便是依照本书所主张的观点，赋予人工智能有限的法律主体地位，人工智能具备所谓的"人格属性"，但是，其"人格属性"仍然不是通过其"生成"的"智慧成果"的赋权得以体现，而是基于实际控制人转移的特定财产。

第三，在"财产"要素层面，人工智能生成物与人格理论中人格依赖表达的"财产"也有所区别。依照人格理论，"财产"是人类生存与发

① PALMER T G. Are Patents and Copyrights Morally Justified？ The Philosophy of Property Rights and Ideal Objects[J]. Harvard Journal of Law & Public Policy, 1990（3）:817-866;刘鑫. 人工智能创造物知识产权保护的正当性释疑：黑格尔"财产权人格学说"下的理论证成与制度调适[J]. 科技与法律, 2020（6）: 41-47.

展所必需的，是法律规范明确确认的财产类型。而人工智能"生成物"并不满足知识产权或者其他财产形态的法律保护要件。比如，人工智能生成的"文字内容"可以是一堆乱码，不具有任何的法律价值或者实用价值。即便是那些能够在表象上满足知识产权（包括著作权）客体要件的"生成物"，既不是严格意义上的"人类智慧创造物"，也不是当前知识产权法所保护的对象，诚如当前知识产权界的主流态度，对大猩猩自拍照以及猴子绘画，因其不属于人类智慧创造，所以不给予著作权保护。

第四，人格理论似难以解释著作权的时间限制以及人身权属性。人工智能在概率上可以因为不断改进或者修复而实现"永生"。而著作权法对明确权利的保护是有时间限制的。此外，人工智能若诚如本书所主张，被赋予有限法律主体资格，那么，其所谓应享有的"人身权益"与人之所以为人所享有的人身权益具有本质区别。对于人工智能生成物而言，难以体现其"精神与意志"，故对人工智能生成物给予著作权保护，也与著作权兼具"人身属性与财产属性"的传统观念相抵触，更与"人格理论侧重保护作者精神权利的理念存在矛盾"。①

综上，人工智能的特殊性使得传统人格理论试图有效证成人工智能创造物应给予知识产权保护面临较大困局。当然，这不意味着人格理论与人工智能创造物的知识产权保护之间的"嫌隙"是不可调和的。通过理论释义以及制度创新，包括对人工智能自主创造过程展开必要的法律规制，对人工智能的"自由意志"进行合理界定，对人工智能法律人格的赋予规则进行创设，对人工智能生成物的保护机制进行建构，即可完成人格理论对人工智能自主创新模式的有效应对，从而实现对人工智能

---

① 刘强. 人工智能知识产权法律问题研究［M］. 北京：法律出版社，2020：31.

生成物实施法律保护的合理性与正当性证成。[①]

对于人工智能自主创造展开规制，主要指促使人工智能自主学习法律规范以及科技伦理道德，使其在"创造""生成物"时能够"自主或者自觉"地坚持"科技向善"。如人工智能生成物必须是有益的，能够满足人类的物质与精神需求，或者有益于探索人类的未知世界。如果生成物不是有益的，但也无害，也是不鼓励的。如人工智能"生成物"是一堆毫无美感或者价值的乱码，它不一定是有害的，但也是无益的。严格而言，还可以被认为是一种资源浪费。在人工智能能够精准学习与创造的情况下，资源浪费也是不应鼓励的。在人工智能对法律规范与伦理道德学习的基础上，能够坚持"科技向善"，具备善恶区分或适法性，如评介能力时，我们完全可以说，这样的人工智能是具备"自由意志"的。如前文所述，笔者主张应赋予人工智能有限法律人格，而人工智能具备法律人格的前提就是需要具备一定的财产基础。这种财产基础从广义上来理解，就应当包括对某些资源（包括人工智能生成物）的控制权。在制度建构上，可以将人工智能生成物拟制为著作权（包括邻接权）的保护客体。对于人工智能可以"永生"的问题，则完全可以借鉴法人作品的保护期限规则，以创作完成或者发表之日为保护期限的起算点，设定特定的期限进行保护。

---

① 刘鑫.人工智能创造物知识产权保护的正当性释疑：黑格尔"财产权人格学说"下的理论证成与制度调适［J］.科技与法律，2020（6）：41-47.

三、契约论与人工智能

（一）著作权的契约论证

《社会契约论》是 18 世纪法国著名思想家卢梭的著名理论。根据卢梭的观察，（良好的）社会秩序乃是为其他一切权利提供了基础的一项神圣权利。然而，（良好的）社会秩序并非自然形成或者来源于自然，而是来源于人们基于克服共同的生存障碍或者生活压力而形成的原始的、朴素的约定。也即"人类要寻找出一种结合的形式，使它能以全部共同的力量来护卫和保障每个结合者的人身和财富"。[①]换言之，在自然状态下，个人的生存压力或者障碍往往超过了个人能够承受或者能够克服的程度，于是，人类只能被迫改变生活与生产方式（也即改变人与人之间的关系），并以人的集合所汇聚形成的综合力量来承受或者克服生活的压力或者生存障碍。最原始形态的社会约定始于家庭。作为最古老且具有天然因素关联的社会形态与社会结构单元，良好的家庭关系与家庭秩序依赖或者依靠父母与能够自立或者独立生存的子女之间形成的一系列能够被自觉遵守的约定。这也就是说，家庭中的父母与能够自立或者独立生存的子女之间的联系，是靠一系列不言自明的约定来维系的。这是因为任何的社会秩序（包括家庭）都不可能始终建立在强力或者暴力的基础上。即便是最强者也无法始终保持着强势霸权。如果最强者通过强势霸权将强力转化为权利（权力），把服从转化为义务，那么，人们的服从只是根据强势霸权产生的临时性或者短期性服从；如果强势霸权不再存在，那么，所谓的"权利／权力"不复存在，人们也便无须根据所谓的"义务"进行服从了。但是，建立在约定基础上的社会秩序，则不存在这样的问

---

① 卢梭.社会契约论［M］.何兆武，译.北京：商务印书馆，2003：25.

题。根据约定而形成的人与人之间的权利 / 权力与义务关系，是能够保持稳定性与长效性的。因为这种约定的效果是有利于个体的生存（即克服生存障碍与压力），同时，"这一结合使每一个与全体相联合的个人又只不过是在服从自己本人，并且仍然像以往一样自由"。① 这种社会契约形态的转化与升级，便产生了国家与主权。在国家或者主权状态下，法律是社会契约的一种转换，是社会公意的承载形式。

与国家或者主权的形成逻辑同理。在契约论者眼中，私有权成立的核心要素是社会的公认。也即私有财产权之所以能够成立并被良好地承认，在于社会的共同意志或者说共同约定。② 在自然状态下，人们对物的占有只是一种事实状态，而非法律状态。如果社会公意不承认这种事实状态，那么，人们便可以随意剥夺该占有者对某物的占有（改变占有的状态）。从社会秩序角度来看，有随意"剥夺或改变"占有状态的可能性存在是非常危险的。任何人都不能确定自己对某物（或财产）的占有是否会以及何时被剥夺或改变。这不仅导致人人自危，也容易引发强势霸权的欺压与掠夺。社会公意的存在改变了这种情境。社会公意使得人们原有的占有事实状态具有了一种新的意义（即正当性、正义性和公正性），也才使原有的占有事实成为权利。社会公意是社会公民多数的意见或者态度，着眼于社会的公共利益；法律尽管是主权者以主权的名义制定并向社会颁布的，但是主权之所以成立则是基于社会契约，主权属于人民，没有人民，便没有社会契约，没有社会契约，便没有主权。因此，法律制定与颁布在本质上是一项社会共同意志（公意）的行为方式与行动结果，是主权者基于社会公益而实施的行为，记录着人们的共同意志；

---

① 卢梭.社会契约论［M］.何兆武，译.北京：商务印书馆，2003：26.
② 丁丽瑛.知识产权法［M］.2版.厦门：厦门大学出版社，2007：11.

财产权的依据来源于社会公意，其制度目标在于保障人们的"共同利益"或者追求人们的"共同幸福"。① 为了保证在权衡得失时不致发生错误，我们必须很好地区别仅以个人的力量为其界限的自然的自由，和为公意所约束着的社会的自由；并区别仅是由于强有力的结果或者是最先占有权而形成的享有权，与只能是根据正式的权利而奠定的所有权。②

作为自由主义法学派的代表人物，康德承袭了卢梭的社会公意（社会契约）理论，但他从人性角度出发探讨人的自由意志与天赋权利之间的关系。康德认为："所有权不是人对物的权利，而是人对人的权利。"③这也就是说，所有权不是人针对物的控制而产生的权利（即不是人对物），而是针对人与人之间就物的占有、使用与收益而产生权益冲突时的一种法律机制建构（即人对人）。所有权必须包含着双重意志内容——占有者或者所有者的"个人意志"和社会的"共同意志"。占有者或者所有者的个人意志就是将某物视为己有（即这是"我的"），并据此实施占有或者控制行为（即为"我"所用），但是，所有权的成立与保障不能仅仅依靠占有者或者所有者将某物视为己有的"个体意志"，还必须依据普遍自由法则的要求，有效体现人与人联合（即社会）的"共同意志"。这种人与人的联合而形成的"共同意志"就是通过社会秩序或者法律名义来体现的。如果一个人并不直接占有、控制某物，却还能够反对他人对该物的占有、控制，其中的原因不是占有者或者所有者的个人意志在发挥作用，而是社会的"共同意志"在发挥作用。也就是说，共同意志承认并尊重占有者或者所有者（物主）对该物享有独占并受益的权利，进而

① 丁丽瑛. 知识产权法 [M]. 2版. 厦门：厦门大学出版社，2007：12.

② 卢梭. 社会契约论 [M]. 何兆武，译. 北京：商务印书馆，2003：33.

③ 康德. 法的形而上学原理：权利的科学 [M]. 沈叔平，译. 北京：商务印书馆，1991：55.

得以反对他人对该物的占有、控制或者侵夺。在这一层意义上，所有权的真正含义不在于物主凭借他可以随意支配或者控制其享有所有权的物，而在于物主在随意支配其享有所有权的物时所具有的不可侵犯性（即针对其他社会成员而言）。"占为己有，在观念上，作为一种外在立法的共同意志的行为，根据这种行为，所有的人都有责任尊重我的意志，并在行动上和我的意志的行为相协调。"[①] 在康德眼中，财产权是一种观念状态，是人们对占有者或者所有者对占有和支配其享有所有权的某物的行为所坚持的一种社会态度。这种社会观念或者态度的不可侵犯性并不来自占有者或者所有者对某物所做出的某种行为事实——无论它是先占还是其他劳动形态（如加工、附合等）。因为先占或者其他劳动形态作为事实本身并不是社会观念，也不会自动地、必然地转变为社会观念或者社会态度。这种体现为社会观念或者态度的不可侵犯性也并不来自占有者或者所有者对某物的主观要求或者个人意志——无论它是作为个人生存需要还是其他因素。这种对占有者或者所有者享有所有权的某物应保持着不可侵犯性的态度只能来自社会成员的共识或者公认。也即所有权真正的意义只有在社会所有成员都对这种不可侵犯性形成共识、公认的情况下才能成立。[②]

契约论尽管源于自然法理念，但其主旨财产权是建立在社会契约基础上的观念，对现代知识产权制度产生了重大影响。由于智慧产品具有非物质特征，不存在依靠有形的、自然状态的事实占有问题，但这不妨碍权利主体对这一客体实施"法律状态"或者"公意状态"的占有。智慧产品的创造者依照其自身意志对其产品实施占有或者控制，并将其作

---

① 康德.法的形而上学原理：权利的科学［M］.沈叔平，译.北京：商务印书馆，1991：55.

② 曲三强.知识产权原理［M］.北京：中国检察出版社，2004：26-27.

为"我的"财产，这是创造者自我意志的体现；但是，这种"自我意志"的占有或者控制，仍必须建立在社会全体成员对这种占有或者控制的专属性的承认的"共同意志"上。智慧产品创造者对智慧产品享有专属或者专有的控制权，而这种专属或者专有控制权是社会全体成员以法律规范的名义进行承认的，但其前提条件是，必须公开其智慧产品，接受法律规范对该专有权利的限制，并在保护期限届满之后进入公有领域，以丰富社会的文化，增进社会公共福祉。这就是典型的"社会契约"。

（二）人工智能与契约论的修正

在人工智能视域下，契约论显然有些不合时宜。人工智能不是法律主体，又怎么能达成所谓的"社会性契约"呢？如果人工智能具备"天赋"的法律主体资格，那么，这里的"社会契约"是谁与谁的"契约"呢？是"个体"人工智能与人工智能"族群"之间的"契约"？抑或是"个体"人工智能与人类之间的"契约"？更甚是人工智能"族群"与人类之间的"契约"？人工智能存在"族群"形式吗？如果人工智能仅是人类赋予其法律主体资格，那么，人工智能怎么可能与人类达成所谓的"契约"呢？

在笔者看来，如果超级人工智能确实能够实现全面超越人类，或者其"天然"地进化或学习而具备人类所具备的所有特质，那么，讨论人工智能的法律资格是否具有"天赋"属性，是非常必要的。但是，在当前人类可预见的程度内，人工智能即便具备超越人类的很多特质，但仍是人类的创造物。在这种情境下，通过对人类特质的比拟而讨论是否应当赋予人工智能法律主体地位（或者将其拟制为法律主体），具有社会意义或者法律价值。

　　从规范技术出发，赋予人工智能（有限）法律主体资格，是人类应对人工智能发展而采取的一种规范手段或者调适方式。这一手段的最终落脚点仍然是人类，也即本书前文所主张的人工智能"实际控制人"与社会公共利益或公共福祉。基于这一逻辑，不论是赋予人工智能法律主体资格，抑或是赋予人工智能生成物特定的财产权（或者将其法权化），仍然遵循着传统契约论的基本逻辑。之所以赋予人工智能特定或者有限的法律主体资格，是基于人类"公意"的承认。这种社会公意就是以法律形态来记录或者表述的。社会公意之所以"承认"这一主体资格形态，是因为人工智能以有限法律主体资格参与人类活动具有更多的技术便捷性，有利于减免人工智能实际控制人或其他关联主体可能因人工智能而带来的更多不确定的风险。例如，人工智能因"创作"而"抄袭"人类的智慧作品。因人工智能的自主学习能力而导致其实施"自觉"或者"自主"抄袭行为，而这"超出了"人工智能实际控制人或者算法编程者或者设计者的意志范畴。在这种情况下，如果再要求人工智能实际控制人或者算法编程者或者设计者或者有关主体承担侵权之法律责任，似乎不符合传统的法律责任的本质，也难以体现法律责任之"行为否定性评价"的价值导向功能。如果由人工智能以特定财产来承担所谓的"侵权责任"，而由实际控制人在其出资额度内承担有限责任，那么，实际控制人在面对人工智能的"自觉或者自主侵权行为"时，可获得更多的安全性预期。

　　与此同理，赋予人工智能"生成物"特定的"财产权"，也是基于社会公意的承认。符合特定形式要求的人工智能"生成物"对于人类来说是有益的。比如，人工智能能够通过学习以极高的效率完成大量数据的分析与比对。这种分析与比对或有利于人类获得更多的规律性知识，但如果仅单纯依赖人类的传统脑力智慧，则将需要耗费大量的人力、物力与时间。所以，为了鼓励这种有益形式的人工智能"生成物"，人类以法律规范的名义赋予其特定的"财产权"；但作为交换（或者说法权化的代价）之一，该"生成物"必须向社会公开，以便捷人类的获取、学习与利用；同时，应实行"弱保护"原则，强调"财产权益的有期性"，鼓励更多的"生成物"进入公共领域。

四、激励理论与人工智能

（一）产权与激励假说

经济学的学者认为，产权是"使自己或他人受益或者受损的权利"；作为一种社会工具，产权的"重要性就在于事实上它们能够帮助一个人形成他与其他人做交易时的合理预期"，[①] 意味着"一个人决定处置一定的资源的期望会被有效实施或实现"。[②]

产权的制度意义在于具有消解不确定性和激励功能。

产权所具有的消解不确定性的功能源于人们对不确定性进行有效消解的渴求。经济学的研究表明，在资源紧张的竞争情境下，人们可以有很多的行为方式选择。如人们可以选择积极行为，并独自开展资源竞争；也可以选择与他人合作，开展联合资源竞争；更甚者，人们可以选择放弃资源竞争。从人性的"天然性"出发，追求经济活动方式的最优化和

---

① 科斯，阿尔钦，诺斯，等. 财产权利与制度变迁 [M]. 刘守英，译. 上海：上海三联书店，1994：97.

② 艾伦. 再论产权、交易成本和科斯 [M] // 米德玛. 科斯经济学：法与经济学和新制度经济学. 罗君丽，李井奎，茹玉骢，译. 上海：上海三联书店，2007：103.

自身经济利益的最大化应该是绝大多数的行为选择。[①] 但面向未知的未来，面对他人的竞争，人们的任何决策与行为总是充满着不确定性。这种不确定性意味着人们可能竞争成功，也可能竞争失败，当然还可能是其他结果，如走向合作共赢等。这种不确定性的存在，是与人类天然的风险偏好（即追求稳定性与可预期性）相冲突的。既然如此，人们应如何行使呢？如果人们可以选择不决策、不行为，则尽管意味着规避了风险，但也意味着放弃了机会、放弃了资源和利益，甚至放弃了生存。所以，尽管人们对未来的不确定性有着许多的恐惧，但是人们选择决策并积极采取行为进行竞争还是具有一定的必然性。在这种情况下，人们需要寻求减少这种不确定性的方法和途径，而设置产权规则就是最为有效的途径之一。科斯理论认为，在未经产权界定的情况下，交易无法进行，相关的行为效益最差，最终导致"市场失灵"。[②] 产权规则的建立，有利于明确人们各种行为的可能性与行为边界，这也意味着人们的决策与行为所面对的不确定性将在一定程度上被有效消解。从这个意义而言，产权界定既是一种有效消解不确定性的工具，也是建立和完善资源配置关系的前提。

"财产权是一种排除他人……使用某一资源而在法律上可被强制执行的权力，并因而无须与该资源的潜在使用人缔结合同就可禁止其使

---

① 在古典经济学理论中，"经济人"是追求自身利益最大化的主体，而且，"经济人"完全了解可用的手段和将要实现的目标，在现在和未来做出使其自身利益最大化的理性选择。这种假设尽管充满着冒险，却比较贴切地揭示了人类欲望无限的性格。参见朱启才.权力、制度与经济增长［M］.北京：经济科学出版社，2004：66.

② 张昱.著作权的经济学分析［J］.内蒙古师范大学学报（哲学社会科学版），2004（6）：56.

用"。① "对财产权的法律保护创造了有效率地使用资源的激励"。② 这即是对产权激励功能的一种阐释。产权的激励功能是源于产权的内容。产权隐含着权能与利益。权能规定了产权主体能够做什么和不能做什么的范围与程度，而且可以解释它为什么这样做而不那样做的原因。不仅如此，产权还界定了产权主体能够从产权的运作中可能获得的利益范围与程度。③ 一旦人的行为预期能够与其努力程度相对应，并且这种预期能够被有效实现，那么，这种行为就有了利益的激励。而这种激励对于激发人的积极性与创造性具有关键性意义。产权可带来的利益（受益）激励可以包括静态与动态两个层面。静态的利益主要表现在权利人可以做什么与不做什么，而无须与潜在的使用者达成任何的协议。动态的利益激励主要表现为对特定资源的投资、创造与改进，并对这种投资、创造与改进的成果享有利益。当然，任何的产权，在规范层面，都包含着权利与义务的统一与协调。所以，产权意味着权能与利益，也意味着约束。也就是说，对于权利人而言，产权不代表着无所拘束。否则，没有约束的产权行为将导致产权拥挤（如不可能就特定的物赋予不同主体以各种相互冲突的产权形态）与无序争夺（如人人均可能基于某些特定的事由而主张属于自己的产权），进而造成产权运作和资源配置的低效率。

尽管产权的激励功能比较明确，但这并不意味着所有的产权配置模式的激励效果是一致的。这也就是说，对不同产品（或资源）进行不同的产权配置模式，将产生程度不同的激励效果。作为人类历史上最为成

---

① 兰德斯，波斯纳.知识产权法的经济结构［M］.金海军，译.北京：北京大学出版社，2005：102.

② 波斯纳.法律的经济分析：上册［M］.蒋兆康，译.北京：中国大百科全书出版社，1997：40.

③ 刘秀生.新制度经济学［M］.北京：中国商业出版社，2003：121-122.

功的制度规则之一，产权规则的经济目标在于最合理地利用产品（或资源），并实现效益的最大化。在这种经济目标下，人们根据产品性质的不同而设计有两种比较经典的产权配置方案：对私人产品配置以私人产权，对公共产品①配置以公共产权。私人产品，是指这种资源在使用和消费上具有较强的排他性。也就是说，该类产品在特定的时空条件下只能为某一特定的主体所使用，而不能为多数人同时使用；在消费上具有对抗性，也即某人对产品的消费，将排斥其他主体对该产品的消费。所谓公共产品，是指这类产品在使用和消费上不具有较强的排他性。也即这类产品可以在某一时空条件下为不同的主体同时使用，且在消费上不具有对抗性。② 例如，阳光是典型的公共产品。某人或者某些人晒太阳，不影响其他人晒太阳，而且也不会导致阳光减损或者消灭。然而，"公地悲剧"与"围栏陷阱"模型③的研究证实，对具有公共属性的资源配置以公共产权，对私人属性的资源配置以私人产权，并非总是最佳的产权配置模式。所以，人们在对两种性质的稀缺资源进行产权配置时，总是需

---

① "公共产品"这一术语常常具有误导性，因为它听起来就像是一种由政府生产的产品，其实并不然。

② 徐亚之.数字时代著作权合理使用的经济学分析［J］.法治论丛（上海政法学院学报），2007（1）：102.

③ "公地悲剧"是由美国学者哈丁于1968年在《科学》杂志上发表的文章《公地的悲剧》中提出来的概念。哈丁在这篇文章中提出这样的理论研究模型：在一个向众人开放的公共牧场中，每个牧羊人的直接利益取决于他所放牧的牲畜数量。也即畜牧数量越多，牧羊人的直接利益就越大。如果缺乏约束条件，尽管每个牧羊人明知过度放牧将导致公地退化，但个人博弈的最优策略仍然是增加牲畜数量。久而久之，公共牧场就可能彻底退化或废弃。这即"公地悲剧"。"公地悲剧"的发生，需要满足两个假设，即人性是自私的，且公共牧场缺乏严格而有效的监管。所以，严格而言，"公地悲剧"并非不可避免。详见 Hardin G. The Tragedy of the Commons［J］. Science，1968（162）：1243-1248；杨理.中国草原治理的困境：从"公地的悲剧"到"围栏的陷阱"［J］.中国软科学，2010（1）：10-16."围栏"喻指公共产品的私有化。"围栏陷阱"揭示私有化的效益并不总是最佳的。

要根据特殊情况进行适当的调整。在私人产权与公共产权的选择上，人们在总体上偏向于这样的信念——私人产权比公共产权更富有效率。①

（二）著作权制度的激励主旨

受英国边沁功利主义哲学的影响，激励理论被视为是著作权制度正当性论辩的又一理论范式。②激励理论承载着浓厚的功利主义色彩，常常被一些人"嗤之以鼻"或者"无情鞭挞"，但是，激励理论却在某种程度上很契合人类的"天然性"，是很具"小市民性格"的理论范式。按照一个"理性的人"的正常思维，特别是在市场经济环境下，从事作品创作需要耗费时间、精力与资源，除非人们能够对这种时间、精力与物力的投入成果具有合理而有保障的预期，否则，人们将不会从事这样的投入。著作权制度就是为人们的这种投入提供保障的规范机制。人们通过时间、人力与物力的消耗而产生的智慧成果，法律制度明确赋予其专有控制权，使其努力与投入有相应的回报，而且这种回报还可能超过其成本。

尽管各国著作权制度或多或少兼顾了劳动理论、人格学说等观点，但也几乎都明确承认著作权制度的激励主旨。如《美利坚合众国宪法》第1条第8款规定："国会有权制定法律，为促进科学与实用技艺的进步，对作家和发明家的作品与发明，在一定期限内给予排他权保护。"美国联邦最高法院在著名的 Mazer v. Stein［347 U.S.201（1950）］一案中指出，授权国会可以赋予著作权与专利权的条款背后的经济学原理是，深信它是通过"科学和实用技术"领域的作者和发明家的才智提高公共福

---

① 冯晓青.财产权经济学理论与知识产权制度的正当性［J］.法律科学（西北政法学院学报）.2003（2）：87.
② 曹新明，杨绪东.人工智能生成物著作权伦理探究［J］.知识产权，2019（11）：31-39.

利的最佳方式。①《日本著作权法》第 1 条规定："本法的目的在于通过规定有关作品的权利以及表演、录音物、播放和有线播放的作者权利以及与此相关的权利，在关切这些文化财产公正利用的同时，保护作者等的权利，促进文化的发展。"《韩国著作权法》第 1 条明确其立法目的是"保护作者的权利以及与此相关的权利，促进作品的公正利用，促进文化以及相关产业的进步与发展"。②我国《著作权法》第 1 条明确立法宗旨之一为"鼓励有益于社会主义精神文明、物质文明建设的作品的创作和传播"。"尽管欧洲大陆国家的著作权体系强调作者权的至高无上，但是，该理论体系同时也包含功利性。"③尽管受到了一些质疑，但在世界范围内，一个清晰可见的著作权制度发展趋势是著作权保护范围越来越大，保护水平越来越高，保护期限也越来越长。④

　　综合各国的法律规定来看，著作权制度的目的应该包括三个层次：第一个层次是保护作品的著作权，激励/鼓励作品的创作与传播；第二个层次是促进作品的公正与有序利用；第三个层次是促进文化和科学事业的发展与繁荣。⑤其中，第一个层次应当是最原始也是最基础的目的。因为没有第一个层次的目的实现，就没有第二个层次与第三个层次的目的实现问题。简而言之，第一个层次的目的是"源头活水"。

　　各国立法者之所以在著作权法中开宗明义地确认著作权的激励主旨，

①　丁丽瑛.知识产权法［M］.2版.厦门：厦门大学出版社，2007：16.

②　李扬.著作权法基本原理［M］.北京：知识产权出版社，2019：9.

③　科恩，劳伦，欧科迪奇，等.全球信息经济下的美国版权法［M］.王迁，侍孝祥，贺炯，译.北京：商务印书馆，2016：18.

④　在"作者激励"和"使用者接入"之间，"作者激励"明显占优。这种"单边倒"的趋势被学者们比喻为"单向棘轮"（One-way ratchet）.Jessica Litman. War Stories［J］.Cardozo Arts & Entertainment Law Journal，2002，20（4）：337-344.

⑤　李扬.著作权法基本原理［M］.北京：知识产权出版社，2019：9.

在于大家都确信这样的假说：如果赋予人们通过自己的智力创造成果的专有权（著作权）保护，那么，创作者们将可以通过这种专有权保护而获得利益回报（如货币收益等）；这不仅将有效激发这些智力创作者持续地从事这样的智力创作活动，而且也将激励更多的人类智慧投入于这样的智力创作活动。这最终将导致人类文化的繁荣与社会的进步。著作权保护的"总的福利"，"既取决于所创作的作品数量，也取决于由某一假定被创作出来的给定作品所产生的消费者剩余与生产者剩余；而作品数量将随着著作权保护的扩大而上升，即便每个作品的福利下降了"。①

当然，著作权制度提供的激励保障，并不能意味着权利人一定能够获得货币或金钱收益，而仅仅体现为一种专有权或者竞争优势。这种专有权或者竞争优势，对于作品这种在形态上具有非物质性、在使用上具有非竞争性（非排他性）的"类公共产品"而言，具有重要意义。一部作品一旦被公开，那么，他人就在事实形态上具有无限利用与复制的可能性，而且这种利用与复制可以是在"零成本"或者"低成本"的情况下实现。如果没有法律制度的保障，那么，创作者仅仅依靠个人的力量来阻止他们的免费利用或者抄袭剽窃几乎是堪比登天。

在著作权法律制度下，人们在进行创作之时能够明确自己的行为将面临怎样的后果；在作品创作完成后，人们对作品能够做什么和不能做什么，以及为什么这样做而不那样做具有了明确的依据。此外，著作权被确认为是一种私权，契合人们关于"私人产权比公共产权更富有效率"的信念。

---

① 兰德斯，波斯纳 . 知识产权法的经济结构［M］. 金海军，译 . 北京：北京大学出版社，2005：102.

（三）人工智能的激励"困局"与纾解

相比于人类，人工智能在作品（或者生成物）"创作"（"生产"/"生成"）与传播方面最大的优势，应该是效率。如果将激励理论适用于人工智能上，似乎面临着太多的困局。

（1）人工智能是否具备被制度激励的可能性？尽管人工智能可被拟制为法律主体，但在本质上仍然是机器，是人类创造物，不具有激励理论所必需的"经济理性"，不具有追求"利益最大化"的动因。即便是通过深度学习，人工智能具有追求经济利益最大化的"经济理性"，那么，所谓"辛勤智慧创造"获得"经济回报"的"幸福感"也不会在人工智能中出现。有学者进一步指出：创造是人的一种本能，是人们的物质需求与精神需求的最大动力。从本质意义上讲，创造的本能在一定程度上支撑市场主体在人工智能领域进行积极创新。制度只是人工智能领域研发主体实现创新合作营利的影响性因素之一，真正的决定性因素是该技术的实用性以及经济上的可预期性。[1] 因此，对于人工智能而言，即便有制度激励效应，那么，其激励效果也可能是低层次的。因为即使没有著作权的保护，"技术的发展、市场的需求及竞争对手模仿滞后均会推动企业进行创新"。[2] 美国学者拉尔夫·克利福德才断言：将知识产权方面的权利"授予机器不会有任何意义，因为他们产出成果是不需要被激励的"。[3]

---

[1]　王烈琦.知识产权激励论再探讨：从实然命题到应然命题的理论重构［J］.知识产权，2016（2）：65-71.

[2]　刘强.人工智能知识产权法律问题研究［M］.北京：法律出版社，2020：31.

[3]　CLIFFORD RALPH D. "Intellectual Property in the Era of the Creative Computer Program: Will the True Creator Please Stand Up?"［J］.Tulane Law Review, 1997（71）: 1675-1703.

（2）如果人工智能可以被制度激励，那么，这种激励可能是错位的。这主要表现在人工智能生成物的生成成本往往较低（至少相对于时间消耗而言），但是，可能具有较高的市场价值；人工智能的算法程序研发成本高，但是，直接市场价值低，并且实现收益的方式具有间接性。[①] 人工智能的设计者或者制造者在设计与制造人工智能的时候，往往需要耗费大量的人力与物力，但是，人工智能使用者在使用时所需要付出的成本却相对较低。在这种情境下，对人工智能生成物赋权（著作权或者其他形式财产权），是激励了人工智能，还是激励了人工智能的设计者与生产者（制造者），抑或是激励了人工智能的使用者（实际控制者）？在北京菲林律师事务所诉北京百度网讯科技有限公司著作权侵权纠纷一案中，有人认为，用于生成报告的电脑程序应受到著作权法的保护，并因此获得了足够的激励，不必另行给予其生成物著作权保护。[②]

（3）如果人工智能可以被激励，那么，也可能导致严重的竞争失范。这种竞争失范主要表现为两个层面：人类与人工智能之间的竞争关系，以及人工智能与人工智能之间的竞争关系。

其一，面对人工智能的高效率创作与传播，单纯的人类智慧似乎永远都无法追赶或者超越。这可能导致人类放弃直接的智慧创作与作品传播，越来越多的人将涌向人工智能创作而非纯粹的人类智慧创作。

其二，利用人工智能的能力差别会导致不同自然人之间获得资源的能力差距扩大，加剧人与人之间的创作竞争优劣境遇。掌握或者控制人工智能的自然人将拥有趋近于"无穷无尽"的作品"创作"能力（包括创作题材、数量、质量等方面），而不能以及不能有效掌握或控制人工智

---

① 刘强.人工智能知识产权法律问题研究［M］.北京：法律出版社，2020：34.

② 刘强.人工智能知识产权法律问题研究［M］.北京：法律出版社，2020：35.

能的自然人则只能"踽踽独行于黑暗中"。

其三，人工智能"抓取"他人作品能力的提高，可以严重影响作者对作品传播的自主性。根据著作权法之赋权，作者可以自主决定作品是否公开、何时公开、以何种方式公开，以及公开的程度与范围。然而，人工智能的发展，改变了人们获取信息并享受知识产品的方式，作者对作品的公开与传播决定权／自主权受到人工智能（在广义上也包括人工智能使用者）的威胁。例如，笔者利用电脑的办公软件进行写作，那么，人工智能可以通过网络与办公软件技术的融合，实时"抓取"笔者正在创作的作品。这可能会导致笔者的作品"被公开"或者"提前被公开"，更甚者，可能导致创作者身份的混淆（比如，原本是笔者创作的作品，因为人工智能的技术"抓取"而被其获得，那么，人工智能或者其实际控制人便具有主张该作品为其创作的"表象依据"）。已经创作完成但尚未发表的作品，只要存储于电脑中，同样也面临着这样的问题；如果将创作完成的作品存储于百度网盘、电子邮件系统等，这种风险或将更大。

其四，人工智能可能穷尽表达，进而严重侵蚀公共知识领域。公共知识领域是全人类都可以自由免费利用的知识范畴，既包括思想，也包括保护期限届满的那些作品。公共知识领域范围越大，意味着人类可以自由学习与探索的范围就越大。这既是为了保护人类的创新持续性，也是为了平衡社会的公共利益。如果对人工智能提供充分的私有产权激励，那么人工智能有可能穷尽某个领域作品的所有潜在表达，并据以私权化。有日本学者认为，海量人工智能创作物被生成并加以公开，会严重压缩后续能够创新并获得知识产权保护的空间，甚至导致创作者因为担忧人工智能所有者对自己主张权利而致使创作活动萎缩。①

其五，人工智能生成物的利用或将面临"反公地悲剧"问题。"反公地悲剧"理论是基于"公地悲剧"理论提出的，是指排他权数量的增加和分散化会降低智力资源利用的效率，致使后续研发或者下游创新受到阻碍。②这实际上是智慧成果私有产权化以及产权结构多元化的必然结果。比如，金庸（甲）创作了小说《天龙八部》，《天龙八部》被乙改编为剧本《天龙传奇》，那么，丙如果要利用该剧本，根据我国《著作权法》的规定，便需要获得甲与乙的同意与授权。这就意味着丙利用该剧本的谈判成本增加，利用效率降低。如果对人工智能生成物进行法权化及私有化，则意味着可能出现利用该生成物需要获得多元主体授权的问题。因为人工智能生成物完全可能是对人类智慧作品或者其他人工智能生成物的"演绎成果"。即便是属于人工智能完全"自主原创"，在没有确认人工智能主体地位的情况下，仍然面临着该生成物的原始权属应属于谁的问题（如属于人工智能的设计者、制造者、实际使用者等）。特定成果的权利碎片化与多元化，将导致利用与传播效率的降低。这与著作权制度的终极目标相矛盾。

既然激励理论适用于人工智能面临如此多的"困局"，是否意味着我们必须放弃激励理论，或者放弃人工智能的法律规制？显然，这样的极端思路并不可取。笔者认为，对人工智能生成物赋予私有产权，是有社会效益的。这是因为人工智能"自主生成"的很多内容（生成

---

① 出井甫.著作权法视阈下人工智能作品的相关法律问题及对策研究［J］.专利,2016(15);刘强.人工智能对知识产权制度的理论挑战及回应［J］.法学论坛, 2019, 34 (6): 95-106.

② 刘强.交易成本与专利强制许可问题研究［J］.行政与法, 2009 (4): 99-103.当然, 这种现象以"反公共悲剧"来界定是否妥适, 仍值得讨论。因为这一问题的本质指向是财产私有化所隐含的制度性风险或弊端。

物）对于人类而言具有重要的经济、文化或者社会价值。否则，人们就不会提出人工智能生成物是否应当给予保护以及如何保护的法律命题了。同前文提及的法律纠纷一样，人们围绕人工智能生成物的权属与利益分享产生争议，这也证明人工智能生成物能够满足人们的某些需求，而这恰恰是某些资源被赋予私权的重要根据。虽然人工智能本身不能被"产权"激励，但隐藏在人工智能上的相关人类主体是可以被激励的。这正如法人制度的激励对象包括法人背后的"股东们"。在广义上，隐藏在人工智能上的相关人类主体，可以是人工智能的"所有者"、使用者、设计者、制造者等。当然，如果要将这种激励转化为人工智能的"间接主体"，人工智能生成物的原始权属规则设计就尤为重要。此外，诚如前文的假设，人工智能具备自主学习能力，可以通过深度学习获得类似人类的意志与情绪。那么，对人工智能提供产权私有的激励便具有意义。

这也就是说，激励理论可以在理论视角转换后适用于人工智能领域。但是，这种视角转换也意味着相应的制度规则要进行修正与调整。比如，对人工智能实施激励，关键在于激励其"生成"有价值的"智慧成果"，而不能是无用的，甚至是有害的"智慧成果"（如涉及黄色、暴力和反政府、反国家、反人类等内容）。除了鼓励人工智能"生成"有价值的内容外，还应积极鼓励这些有价值内容的传播，如推行

"Copyleft" 政策等 ①。对人类智慧成果与人工智能生成物实行差异化保护，即对人工智能生成物实施弱保护原则。如果人工智能生成物的利用是商业性利用，则需要保障"署名权益"，并支付报酬；如果是非商业性使用，则仅需要保障"署名权益"即可。在归责上，强化人工智能的责任。对人工智能的侵权行为，实行较为严格的责任制，其承担责任的主要形态是财产性；如果是在间接主体授意或者控制下实施侵权行为，则实行"连带责任"。

五、利益平衡理论与人工智能

（一）利益平衡理论

利益平衡理论认为：之所以要对私人权益给予法律安排或者制度激励，其核心目的在于通过激励更多的私人创造来丰富人类的文化，促进人类的共同进步。所以，著作权制度必须保护创造者的私人利益，也要兼顾社会公共利益。也就是在创作、专有与利用之间达成一个适当的平衡。如果私人利益与公共利益发生不可调和的冲突时，必须牺牲私人利益。

严格来说，利益平衡理论适度尊重了激励理论的许多合理因素，但更倾向于关注知识产品的社会性问题。在利益平衡论者的眼中，著作权法律关系是众多社会关系中的一种，因此，作为一种社会属性的权利形

---

① 著佐权（Copyleft）是一个由自由软件运动所发展出来的概念，是一种利用现有著作权体制来保护所有用户和二次开发者的自由的授权方式。在自由软件授权方式中增加著佐权条款之后，该自由软件除了允许使用者自由使用、散布、修改之外，著佐权许可证更要求使用者修改后的衍生作品必须以同等的授权方式（除非许可证或者版权声明里面例外条款所规定的外）释出以回馈社会。FSF. What is Copyleft［EB/OL］.（2019-02-16）［2021-02-23］. http://www.gnu.org/licenses/copyleft.html. FSF，即自由软件基金会（Free Software Foundation）.

态，著作权不可避免地带有社会性的特质。著作权的社会性要求立法者对作者在作品上的权益做出有效的制度安排与机制保障。作为社会的一员，不计其数的作者通过自己的智慧创作性劳动创作出来的作品丰富着人们的文化与艺术生活，促进了科学的发展以及社会的进步。在这种态势下，执行着社会职能的国家必须就作者（也包括广义上的传播者）的创造性贡献予以认可或者保障，使得作者有法律能力或者法律资格决定是否、何时、何地、以何种方式使用或者允许他人使用自己的作品，让作者能够运用该权利维护自己的人格利益与经济利益，从而间接地激励作者以努力创作的方式来繁荣文化、艺术与科学事业。[①] 但是，为作者享有的著作权提供"过分"的法律保护，同样可能会对社会进步构成妨碍或者阻滞，因为作者或者其他权利主体完全可能基于自身利益的最大化的原则，而拒绝他人对其作品正当合理的使用。所以，著作权的社会性又要求立法者必须对作者或者其他权利主体对作品所享有的权益进行适度的限制。从社会性角度来观察，著作权法律关系所涉及的利益关涉者，不仅仅是作者与作品之间的关系，而是包括了作者与作品使用者、作者与其他作者之间的关系。很多时候，作者自身往往也是作品的使用者，即兼具作者与使用者的角色。此外，作者往往难以以一人之力实现对其创作作品的有效传播，而作品广泛传播是作者获得收益（如金钱、名誉等）的重要条件，也是重要保障。这就意味着还需要"中间商"从事作品的传播。这样，著作权法律关系会涉及作者与中间商之间、中间商与中间商之间、中间商与作品使用者之间的利益问题。除此之外，著作权法律关系的考量还需要兼顾社会的公共利益。因为无数潜在"使用者"利益的联合，可以被认为是"公共利益"的化身。

[①]　雷炳德.著作权法［M］.张恩民，译，北京：法律出版社，2003：7.

在现代各国著作权的具体制度建构中，重视利益平衡的态度无处不在。如著作权法赋予创作者多种权利/权能（发表权、署名权、复制权、表演权等），但是在著作权保护期限、著作权限制（如合理使用、法定许可）等规范中又对创造者的权益实施限制。"在几百年的知识产权立法设计和司法实践中，人们逐渐发现，利益平衡原则作为一项根本的指导原则起着实质性的作用。"[①]平衡的目标在于"垄断"与"自由利用"之间确定一个适度的界碑。在"垄断领域"内，未经权利人许可，任何人不得擅自行动，实施使用、传播知识产品的活动，以维护权利人的利益以及法律的权威；在"自由领域"，人们可以适度自由地利用或者传播知识产品，而不必遭受来自权利人的苛责或者指控。

（二）平衡理论对人工智能的"演绎适用"

法律制度是人类在社会发展中发现/发明的社会治理典范方式，是人类在发展历程中于自觉与不自觉之间选择的一种结果。除非是"邪恶"性质深刻的法律制度，任何法律制度都在兼顾与平衡着不同的利益。"在法的创制过程中，认识各种社会利益是法的创制活动的起点……对各种利益做出取舍和协调，是法的创制的关键。"[②]平衡是一个法律规范的价值追求目标，也是一种规范技术手段。作为与科技发展密切关联，甚至与科技命运"休戚与共"的法律规范，著作权法始终随着科技的发展而不断调整着，以使其能够在科技发展而引起的利益动态变化中适时维持利益的平衡性。这就意味着，只要著作权法还属于法律规范性质，只要著作权法希冀对人工智能进行法律调整，那么，平衡理论就有适用于人

---

① 冯晓青.利益平衡论：知识产权法的理论基础［J］.知识产权，2003（6）：16-19.

② 孙国华，朱景文.法理学［M］.北京：中国人民大学出版社，2004：64；孙国华.法的形成与运作原理［M］.北京：法律出版社，2004：130-131.

工智能的空间。换言之，只要有法律规范，利益平衡理论便可"永葆青春而不过时"。

基于人工智能的视角，利益平衡理论需要回答的问题是：利益平衡应当是平衡谁与谁的利益？人工智能具有利益诉求吗？人工智能没有参与法律规范的制定或者修订，人工智能如何表达利益诉求？人工智能如果可以表达利益诉求，但是，超过了人类可以容许的限度，那么，人类又应该如何选择？

从平衡的性质上看，它既表现为一种过程，也表现为一种状态。[①]理想的平衡是一个永无止境的过程，对这种理想平衡状态的不懈追求与努力也就是著作权法不断改进与优化的过程。著作权法也正是在"利益平衡与不平衡的矛盾中发展的，而总体上是趋于平衡的"。[②]在未来的世界，人类与人工智能"共生共存"的形态将是趋势，也是必然。基于本书之假设，在将人工智能视为法律主体的视角下，我们的法律规范应注意识别的利益链主要包括以下三个层面：第一，人类与人工智能之间的共同利益与冲突利益。第二，人类与人工智能设计者、制造者、使用者之间的共同利益与冲突利益。这实际上也是自然人与自然人之间的"利益纠缠"问题。第三，人工智能与人工智能之间的共同利益与冲突利益。人类与人类之间、人类与人工智能之间的共同利益，应当是世界的和谐有序。人类与人类之间的冲突利益，实际上是亘古不变的话题，也就是个人利益最大化与公共利益之间的冲突。人工智能与人工智能之间的冲突利益，最终表现还是归为人类与人类之间的

---

① 冯晓青.利益平衡论：知识产权法的理论基础［J］.知识产权，2003（6）：16-19.

② 丁丽瑛.传统知识保护的权利设计与制度构建：以知识产权为中心［M］.北京：法律出版社，2009：8.

利益冲突。当然，在将人工智能视为独立的法律主体的情况下，也应允许人工智能表达其利益诉求。概而言之，人工智能的利益诉求至少可以通过以下两个途径来表达：一是人工智能通过深度学习而以"话语"形式呈现；二是由人工智能的设计者、制造者、使用者（包括广义上的实际控制者）表达。

在法律规则的制定或者修订过程中，如果人类与人工智能的利益出现冲突时，我们应坚持人类利益至上的处置原则。比如，人工智能不得控制人类，不得实施侵害或者损害人类的行为（包括不得侵害人类的身体健康与生命、不得泄露或者滥用人类的个人隐私或者其他个人信息，如不得利用人类隐私而"生成"黄色"作品"等）。[①] 当然，人类也应秉持高度宽容与平衡的态度，适度承认人工智能的法律主体资格，确认人工智能生成物具有法权化的正当性。

---

① 有学者认为，建立人类与机器人之间的伦理规则时，必须坚持"限制人类提高机器人科技""禁止人类与机器人长期独处"等。如"限制人类提高机器人科技"是基于发展价值提出来的，约束对象是监管者。监管者主要应规定机器人科技的发展只能着眼于弥补人类工作能力上的缺陷或不足，而不能试图让机器人取代人类；限制机器人的情绪设计，确保机器人不会与人类（尤其是儿童、老年人、残疾人等弱势群体）产生情感联系。参见徐文.人机伦理的私法表述[J].科技与法律，2020（1）：46-56.显然，这些规则设计有其合理性。但是，笔者认为，从著作权制度目标来看，限制人工智能的科技程度以及禁止人类与人工智能独处，并不是很理想的规则选项。因为限制人工智能的科技发展，实际上是在扼杀人类的创造性；而人类是否与人工智能独处，是否产生情感联系，这并不损害人类的生存意义。正如，许多人类都以动物为情感伴侣类似。与此相反的可能性是，人工智能基于与人类的情感联系，而更加认可或者确认人类的优先价值，"创造"出具有丰富情感内容的人工智能"作品"。所以，我们的应然选项是规范。

第四章 人工智能生成物的法权化模式[①]

一、人工智能生成物的范围限定

限定"人工智能生成物"的范围,是进一步讨论的基础。在广义上,人工智能生成物可指称人工智能在既有的算法设计以及深度学习的基础上"生成"的一切内容(包括语言、文字、视频等)。一些学者基于不同的讨论需要而分别使用"人工智能生成内容""人工智能创作物""人工智能生成物"这些术语,而且在许多场合这些术语所指称的对象是一致的。严格来说,人工智能生成物与人工智能生成内容,拟表述的内涵与外延应该是一样的,但,人工智能生成物却是一个在外延上比人工智能创作物更广的概念。[②] 人工智能生成物可涉及众多的法律领域,比如,腾讯公司新闻写作机器人 Dreamwriter 撰写的有关新闻报道,即涉及著作权法领域;John Koza 博士的 GP 发明机器(Invention Machine)"自主"生成的多项新发明结果,即涉及专利法领域;[③] 人工智能生成的、具有

---

① 本章主要内容发表于由北京大学知识产权学院和北京大学互联网法律中心主办的《网络法律评论》第 22 卷中。参见罗施福.论人工智能创作物的法权化模式:基于私法角度的考察 [J].网络法律评论,2020,22(2):47-66.

② 张春艳,任霄.人工智能创作物的可版权性及权利归属 [J].时代法学,2018,16(4):22-28.

③ Keats J. John Koza has built an invention machine [J]. Popular Science, 2006, 268(5): 66-69.

"显著性"特征的某些特殊符号标记、声音或三维标志，即涉及商标法领域。比较而言，专利法与商标法保护人工智能生成物的障碍比著作权法要少很多。不同于著作权法对作品保护的条件限定，发明的创造过程以及商标的设计过程对于专利授权或者商标授权与使用并不会有什么实质性的影响。[①] 基于讨论范围的限定，本书仅基于著作权法的视角来讨论与分析人工智能生成物。[②]

其实，根据其呈现形式，人工智能生成物至少可以分为三种类型。第一类是在"形式上"具有可著作权性的生成物，如腾讯公司新闻写作机器人 Dreamwriter 撰写的有关新闻报道；第二类是在"形式上"不具有可著作权性但具有市场价值的生成物，如澳大利亚"Telstra 公司诉电话号码出版公司案"所讼争的电话号码簿；[③] 第三类是完全不具有任何价值的生成物，如人工智能生成的"无逻辑性"可言的"乱码"或"符号组合"，甚至是有害的内容（在形式上具有可著作权性的生成物，也可能是有害的，如涉黄、涉黑，以及反人类、反政府等内容）。如果人工智能生成物是"纯粹的乱码"，对于人类而言属于不具有任何意义的内容，不能满足人们的各种需求，那么，这样的人工智能生成物在法律上便无保

---

① ABBOTT, RYAN. I Think, Therefore I Invent: Creative Computers and the Future of Patent Law［EB/OL］（2016-09-01）［2018-05-16］. http://bclawreview.org/files/2016/09/01_abbott.pdf.

② 有学者认为"生成物"与"创作物"这两个术语的使用，实际上已经代表着作者的不同立场，即使用"创作物"术语的作者也认可人工智能创作物具有可著作权性，而使用"生成物"术语的作者，则反之。参见张春艳，任霄. 人工智能创作物的可版权性及权利归属［J］. 时代法学，2018，16（4）：22-28. 笔者并不认为人工智能生成物具有著作权法保护的适格性。为了表明立场之中性，本书统一使用"人工智能生成物"这个术语。

③ 王迁. 论人工智能生成的内容在著作权法中的定性［J］. 法律科学（西北政法大学学报），2017，35（5）：149.

护的必要，故对于这样的生成内容不在本书的讨论范围之内。① 故本书的讨论范围进一步限定于在"形式上"具有可著作权性的创作物，以及在"形式上"不具有可著作权性，但具有市场价值的生成物两类。

从生成过程来看，人工智能生成物有可能是完全由人工智能"自主创作"而成，也可能是基于人类智能与人工智能"自主性"的共同作用而成。② 通常来说，强人工智能具有较高的"自主创作"的可能性，而弱人工智能往往在与人类智慧的创作中扮演"共同创作"的角色。然而，这并不能否认弱人工智能具有"自主创作"的可能性。比如，BBC 利用智能机器人，根据事先设定好的程序与模式，对野生动物生活日常进行随机拍摄。③ 对于人工智能与人类智慧的共同"创作物"，学界基本不否认其具有著作权法保护的适格性，故本书将讨论的范围限定于人工智能"自主创作"而生成的"内容"。

---

① 严格而言，人工智能生成的"乱码"具有这样的可能性，即人类无法识别或者阅知，但是，其他人工智能可以识别或者阅知，并可能影响其他人工智能的学习状态或者行动模式。也即人工智能可以通过深度学习而发展出专属于人工智能的"语言文化"。诚如，动物与动物之间可以有动物"语言文化"一样。笔者不否认这样的可能性，但是，在人类智慧可以预见的历史限度内，这样的可能性似乎还遥遥不可及。而法律规则的使命是规范当下，或者在不久的未来可能出现的行为模式。

② 严格来说，人工智能本身就是人类智慧的产物，所以，任何人工智能生成物都可以认为是人类智慧的产物或者人工智能与人类智慧共同作用的产物。本书所述的人工智能完全"自主"系针对在生成过程中，人类智慧发挥了与人类智慧几乎无关的作用力，且生成的"产品内容"超出了人类智慧的预知范围。

③ 周超楠. 看到这只辨不清真伪的机器鼬，才知道 BBC 为啥能拍出神级纪录片了［EB/OL］.（2017-03-01）［2018-5-18］. https://36kr.com/p/5065449.html.

二、人工智能生成物法权化的应然性

人工智能生成物是否具有法权化的正当性或者必然性呢？简而言之，人工智能创作物或者说其创造的"产品"是否有应当进行法律保护的必要？

这一问题（即是否应当法权化）的提出实际上是建立在这样一个基本假设或者倾向性态度上，即对于人工智能生成物，人们可以选择对其不予以法律保护，而使其处于"公共领域"，任由人们自由免费地使用与分享。① 这样的观点实际上与一些学者对人类智慧作品给予著作权保护秉持谨慎与怀疑的态度是一脉相承的。"法律的一般规则是，最高贵的人类作品——知识、所发现的真理、观念和思想，在自愿向他人传播之后，就如同空气一般为公众所自由使用。只有在某些情况下，当公共政策显得需要时，财产属性才继续在这些非物质性作品上……但是，无论如何，他们都不能被赋予财产的属性"；② "思想与信息并没有天然的稀有性……我们应避免在我们把著作权视为财产而不是政策时迅速出现的修辞陷阱"。③ 即便是支持赋予人类智慧作品著作权保护的学者，也多对人工智能生成物的法律（著作权）保护持有怀疑态度。如有学者指出："有创造力的机器"的使用者对于生成的内容没有付出创造性的努力，不应

---

① 有学者认为：人工智能本身属于计算机软件，可以得到著作权保护……将人工智能生成物的权利赋予系统开发者，是权利的双重保护，但并没有特别的理由。机器无须经济激励，对于用户来说，先发优势也会为人工智能的开发与利用提供足够的激励。详见 Yu R. The Machine Author: What Level of Copyright Protection Is Appropriate for Fully Independent Computer genera-ted Works？［J］. University of Pennsylvania Law Review，2017（165）：1241-1270.；梁志文 . 论人工智能创造物的法律保护［J］.法律科学（西北政法大学学报），2017（5）：162.

② International New Service v. Associated Press［G］.Vnited States Reports，1918（248）：215；宋慧献 . 版权保护与表达自由［M］.北京：知识产权出版社，2011：453.

③ 维迪亚那桑 . 著作权保护了谁？［M］.陈宜君，译 . 台北：商周出版社，2003：22.

是权利主体；且"有创造力的机器"自身不能作为权利主体，由其生成的作品因此不属于任何人。①

　　显然，这样的假设，对于很多消费者乃至人工智能投资者的竞争者而言，似乎是一种莫大的"福音"——他人投资，他人创造，但自己却可以"免费"使用与共享！然而，这样的假设，对于人工智能的投资者与创造者而言，似乎是一种令人无法承受的"悲剧"——自己对人工智能的投资与创造而产生的"产品"凭什么让他人免费共享？其中的公平正义性在哪？对于社会秩序以及人类进步而言，这样的假设或许是一种"灾难"。公地悲剧的理论表明：在"公共领域"的逻辑下，人工智能创作物的使用或将陷入无序状态；人们不会再有积极的意愿去进行更多人力、物力与智力投入；人工智能技术不断进步，进而服务于社会，增进社会福祉的目标或将遥遥无期！诚如学者所言，"没有著作权的世界是可怕的""一个为人工智能所垄断的、没有著作权，甚至没有产权的世界，对于产业、市场、经济、社会乃至人类的命运本身而言，都是不可承受之重"。②

　　诚如前文所述，不论是从契约论角度，还是从激励论出发，抑或是从利益平衡理论思量，人工智能生成物均具有法权化的意义。所以，以法律形式对人工智能"生成物"进行保护，进而有效规范人工智能的应用与行为，保障人工智能的物质投资与智慧创造，是我们的应然

---

① CLIFFORD, RALPH D. Intellectual Property in the Era of the Creative Computer Program: Will the True Creator Please Stand Up? [J]. Tulane Law Rev. 1997，71：1657-1680；陶乾. 论著作权法对人工智能生成成果的保护：作为邻接权的数据处理者权之证立 [J]. 法学，2018（4）：3-15.
② 易继明. 人工智能创作物是作品吗？[J]. 法律科学（西北政法大学学报），2017（5）：138-139.

性选择。[①]

但进一步的问题是，对于人工智能生成物，我们将以怎样的法律形式进行保护呢？我们现行的法律体系能否妥适地解决人工智能生成物的法律保护问题呢？

三、人工智能生成物法权化的可能模式

在当前法律结构中，著作权、邻接权、特殊权利、物权、债权等，都有为人工智能生成物提供法权化的制度可能。

（一）著作权赋权的"希冀"与"困局"

人工智能"创作力"是有吸引力的领域，也是当前应用比较成熟的领域。作为在形式上与著作权法保护客体——作品有着"剪不断理还乱"关联的"人工智能生成物"，以著作权法来进行保护，似乎是最为妥适的选择。

以著作权法的方式来保护人工智能生成物，至少存在着以下优点或者吸引力。

第一，现行的著作权法体系已经将人类智慧与人工智能共同作用而形成的产物纳入保护范围。比如，20 世纪 90 年代，我国台湾地区有关主管机关曾就电脑绘图是否具有著作权保护的适格性问题做出规定，即借由电脑程序设计操作绘制所成之绘画、法书（书法）或字型绘画，如系以电脑程序操作为创作之辅助工具……该作品即属美术著作而依著作权法受保护。建筑师利用电脑绘图程序绘制房屋设计图、作曲家利用计

---

① 诚如学者指出的那样，这是一个政策选择问题。曹源．人工智能创作物获得版权保护的合理性［J］．科技与法律，2016（3）：507. 对于人工智能引发的法律问题给予积极回应，应当是科学而负责任的态度。

算机程序协助作曲、作家利用文书处理软件写作等，都"属于人类精神上之创作"，应当纳入著作权法的保护范畴。① 既然人类智慧与人工智能共同作用而形成的产物能够纳入著作权法的保护范围，为何我们不能再走远一点，将人工智能完全"自主"创造的产物也纳入著作权法的保护范围呢？

第二，已经有相关的立法例，将纯粹的"人工智能作品"纳入著作权法的保护范围。英国《版权、设计与专利法》（CDPA）第 178 条对"计算机生成的作品"做了界定，即指在"无人类作者"的环境下、由计算机环境生成的作品。同时，也明确规定："对于计算机生成的文字、戏剧、音乐或艺术作品而言，作者应是对该作品的创作进行必要安排（arrangements）的人（person）。"类似英国立法规定的国家还包括新西兰、爱尔兰、印度、南非等国家。②

第三，在表现形式上，有非常多的人工智能生成物符合"作品"的形式要件。根据我国《著作权法实施条例》第 2 条规定，著作权法所保护的作品最重要的要件就是独创性。③ 有学者经过研究认为，人工智能生

———————

① 谢铭洋.智慧财产权法［M］.台北：元照出版公司，2014：97.

② 梁志文.论人工智能创造物的法律保护［J］.法律科学（西北政法大学学报），2017（5）：160；曹源.人工智能创作物获得版权保护的合理性［J］.科技与法律，2016（3）：495.

③ 我国 2010 年修订的《著作权法》并未规定作品的概念；《著作权法实施条例》第 2 条规定："著作权法所称作品，是指文学、艺术和科学领域内具有独创性并能以某种有形形式复制的智力成果。"国务院法制办于 2014 年 6 月公布的《著作权法（修订草案送审稿）》第 5 条规定："本法所称的作品，是指文学、艺术和科学领域内具有独创性并能以某种形式固定的智力表达。"2020 年修订的《著作权法》第 3 条则明确规定："本法所称的作品，是指文学、艺术和科学领域内具有独创性并能以一定形式表现的智力成果。"这意味着我国《著作权法》关于作品要件的设定有不同的要求。

成物是能够满足"独创性"要件的。① 即使在某些方面存在着某些理论悖谬，然而，只需要进行简单的观念转换或者制度革新，即可妥适地实现人工智能生成物的著作权法保护。

第四，著作权的权能配置，非常契合人们对人工智能生成物的控制诉求与希冀。比如，发表权能够满足人们对人工智能生成物公开时间、公开地点的控制性需求，以建立先发优势；复制权、发行权、表演权、信息网络传播权、广播权等权能能够满足人们对人工智能生成物的传播控制诉求。

然而，对人工智能生成物赋予著作权，在法理逻辑上真的那么自洽吗？

以著作权法来保护人工智能生成物，最大的问题是如何纾解其与著作权制度基石的悖谬性逻辑。"著作人之权益保护乃是著作权法之主要目的。盖以精神之劳动所获得之成果，均系人类思想智能与感情之无形产物，对人类社会文化及科学之发展有促进及发展之作用，为鼓励与刺激著作人发挥其创造力，自应对著作人之人格利益与经济利益以类似有体物之所有权般加以保护，故精神所有权论乃为近代著作权制度形成之基础。"② 换言之，著作权制度的基石在于赋予人类精神之劳动成果以"所有权"，进而激励人类进行精神创作。问题在于：这种"所有权"对人工

---

① 比如易继明、张春艳等学者均持该观点。参见易继明.人工智能创作物是作品吗？[J].法律科学（西北政法大学学报）.2017（5）:138-139；张春艳，任宵.人工智能创作物的可版权性及权利归属 [J].时代法学,2018,16（4）:22-28；梁志文.论人工智能创造物的法律保护 [J].法律科学（西北政法大学学报）,2017（5）:160.

② 半田正夫.著作权法概说:第7版 [M].东京:一粒社,1996:56；罗明通.著作权法论 [M].台北:台英商务法律事务所,2005:13；萧雄淋.著作权法论 [M].台北:五南图书出版有限公司,2009:62.

智能"创造"其"产品"有激励的效果吗？比较而言，人工智能能够轻易生成大量新的生成物，但个体的自然人绝无这样的"创造能力"，"在长久竞争上人类创作恐怕会被淘汰"。① 若人工智能成为"著作权主张实体"的诉讼手段，则必将对"人类未来的创作意愿造成压缩，也不利于公众领域利益。"②

诚如某些学者所言，著作权法从来不是以激励人类智慧创造为唯一宗旨，也包含了对"智慧创造"的投资激励。"保护创作者和激励创作只是支撑著作权制度正当性的符号性表达，著作权法的真正目的是保护作者中的投资者。"③ 若从激励人工智能的投资角度，将人工智能生成物纳入著作权法保护范围，似乎又有了更多的依据。然而，这一逻辑的问题在于：混淆了人工智能的投资激励与人工智能生成物的投资激励。在激励角度，真正有意义的激励是对人工智能的设计者、创造者实施激励，激励其创造更多更具价值与创新的人工智能。现实的状况往往是人工智能的设计者、创造者与人工智能的所有者不是同一主体，而人工智能生成物往往是控制在人工智能的所有者手中。这也就是说，人工智能生成物是否具有著作权保护的适格性，与所有者具有最大的利益关联。人工智能的所有者，往往不会因为人工智能生成物依著作权法保护而进行更多的人工智能"创造"或者"投资"。

与"表面形式"符合作品保护要件相反的是，人工智能生成物实际上是难以符合作品的实质性要件的。作品"独创性"要件最实质的内容

① 吴柏凭.人工智能对于著作权概念的冲击：日本著作权的新政策发展方向［J］.科技法律透析，2016（12）：30.

② 陈昭妤.论人工智慧创作与发明之法律保护：以著作权与专利权权利主体为中心［D］.台北：政治大学科技管理与智慧财产研究所，2017：12.

③ 熊琦.著作权法中投资者视为作者的制度安排［J］.法学，2010（9）：79-89.

在于作品系人类的精神之创作。"作品是作为有血有肉的自然人对于思想观念的表达……由非人类'创作'的东西不属于著作权法意义上的'作品'"。①"著作权法在于保护并鼓励人类精神创作，如果不是由人类所为，而是由电脑或机器自动所为，由于欠缺人类之精神活动与作用，并无法成为受著作权法保护的客体"。② 除此之外，赋予人工智能生成物以著作权法保护，也将导致著作权归属规则的混乱。根据我国《著作权法》的规定，著作权归属于作者是基本原则，而"创作作品的公民是作者"；只有在某些特殊情形中，法人或者其他组织得以视为"作者"而享有著作权。那么，在人工智能生成物中，"创作"是由人工智能实现的，人工智能是作者吗？人工智能生成物的著作权归属于人工智能吗？尽管有众多的理论在为人工智能成为独立的法律主体而呼喊，但在当前的法律语境下，人工智能只能是法律之客体，而不能是主体，不是著作权法意义上的"作者"。③ 人工智能在"欠缺与人类所具有'意识'而完全'自主'（autonomy）之前，其作为工具之特性"仍为其主要价值。④"对于著作权法而言，权利主体与客体……不得转换，而且所有权利客体的来源须限于权利主体，所以无论是著作权法中的作品判定要件，还是权利归属

---

① 李明德，许超.著作权法［M］.2版.北京：法律出版社，2009：29.

② 谢铭洋.智慧财产权法［M］.台北：元照出版公司，2014：97.

③ 2017年2月16日欧洲议会（European Parliament）投票通过向欧盟委员会（EU Commission）提出开发机器人与人工智能与民事法律规范建议（Civil Law Rules on Robotics, 2015/2103［INL］）。这项建议"认可电子人为法律主体"。有学者据此认为"新形态的法律责任主体"或将诞生。参见叶云卿.新形态的法律权利责任主体的诞生：由2017年欧洲议会提案看机器人拥有著作权之可能性［N］.北美智财报，2017-07-26（190）.然而，我国学者多否认人工智能具有"作者"或者"权利主体"的可能性。

④ 林勤富，刘汉威.人工智能法律议题初探［J］.月旦法学，2018（3）：202-203.

安排，其中都具备的要素皆有作为人的权利主体。"① 若人工智能不能为"作者"，不得享有著作权，而又拟赋予人工智能生成物以著作权保护，那么，是否可以以"拟制"的方式或者类推的方式，将其著作权归属于"人工智能"或者"人工智能的所有者"或者"设计者"呢？② 诚然，这样的归属规则确实符合合理性逻辑，但在当前法律框架中，这样的归属规则意味着将对传统的著作权归属规则形成"撕裂"。在解释学上，由于不存在一个确切的、需要受到法律保护的创作者身份，授予人工智能生成物以著作权，也许会导致我们偏离著作权法的立法宗旨。③

在现实中，人工智能生成物是否有可能在"客观上"受到著作权法的保护呢？这一答案应该是肯定的。人工智能与人类智慧的结合日趋紧密，而人工智能生成物与人类智慧生成物的界限日趋模糊。"大量事实表明，人工智能生成内容与人类创作的作品相比，在没有明确标明来源的情况下已很难区别。"④ 所以，在实践中，这种"界限的模糊"与区分的困难，确实可能导致某些人工智能生成物被作为著作权保护客体而受到著作权法的保护。但这种"客观"结果的出现，主要是由于"举证规则

---

① 熊琦.人工智能生成内容的著作权认定［J］.知识产权，2017（3）：4.

② 如有学者主张将人工智能生成物的著作权归属于人工智能的所有者。参见熊琦.人工智能生成内容的著作权认定［J］.知识产权，2017（3）：8.也有学者主张将权利归属于对人工智能进行训练的设计者或者所有者。参见张春艳，任霄.人工智能创作物的可版权性及权利归属［J］.时代法学，2018，16（4）：22-28.有学者认为："透过法律拟制（legal fiction）的方式将著作权归属于相当于'雇用人'之法律上之作者，应较为适当。"参见陈昭妤.论人工智慧创作与发明之法律保护：以著作权与专利权权利主体为中心［D］.台北：政治大学科技管理与智慧财产研究所，2017：129.

③ 易继明.人工智能创作物是作品吗？［J］.法律科学（西北政法大学学报），2017（5）：142.

④ 熊琦.人工智能生成内容的著作权认定［J］.知识产权，2017（3）：7.

造成"的，并非人工智能生成物具有著作权适格性的充分依据。① 从司法论角度，能否以"我们已无法区分所欣赏的作品为人类创作还是机器生成"② 为由，基于增强司法的可操作性考虑而统一将其纳入著作权法的保护范围？这种类似"掩耳盗铃"式的做法，确实是颇具吸引力的"现实性诱惑"，但这种做法就好比法官在裁判中无法准确区分某些事实而不再去认定客观事实一样，绝对是不负责任的做法。

（二）邻接权的"优势"

若不能以赋予著作权的方式进行保护，那么，邻接权模式能否承担起人工智能生成物的法律保护"使命"呢？

邻接权是"邻接于著作权的权利"或者"与著作权相邻的权利"（neighboring rights to copyright）或"与著作权有关的权利"（rights related to copyright）。在各国的立法实践中，邻接权是为"一切传播作品的媒介"或者"那些与作者创作的作品尚有一定区别的产品、制品或其他既含有'思想的表达形式'，又不能称为'作品'的内容"提供专有权保障的法律机制。③ 邻接权保护客体或者保护对象具有开放性。如位于中美洲的伯利兹国，其邻接权制度仅为表演者提供法律保护；我国《著作权法》的邻接权包括表演者权、录音制作者权、广播组织者权以及出版者权。《德国著作权法》则将照片、数据库的保护与表演者权、录音制作者权、广播组织者权置于"与著作权有关的权利"一章中。

相比于传统浪漫主义著作权法强调作品与作者精神创作的"天然联

① 王迁.论人工智能生成的内容在著作权法中的定性［J］.法律科学（西北政法大学学报），2017，35（5）：148.

② 熊琦.人工智能生成内容的著作权认定［J］.知识产权，2017（3）：7.

③ 郑成思.版权法［M］.北京：中国人民大学出版社，1997：52.

系"，邻接权保护似乎从来都不"稀罕"这种"精神创作"的品性。在制度起源上，邻接权与留声机、唱片、电影、无线电广播等传播作品的新技术新方法的广泛运用有着必然的内在联系。① "摄影、电影、录音、广播等科技出现后，或由集合多数自然人共同创作之法人成为创作人（如电影、录音、广播），或就既有作品的利用结果（如歌舞或剧本的表演或广播机构之广播），利用科技之结果（如摄影），其或不是自然人的创作，或是创作性较低者，不宜以著作权法保护之，于是必须建立一套较低的保护标准以为因应，邻接权制度因此而产生。"② 作为与著作权"相邻"的权利，邻接权主要是解决传统著作权法无法直接解决，但又具有重要法律价值的问题：作品的传播劳动与传播投资的保护，以及科技利用的保护问题。如德国法明确宣称：邻接权之所以被授予表演者、制片者及广播者，其宗旨不直接涉及任何原创的创造性投入，而仅仅是意图鼓励上述主体在制作录音录像制品或者节目过程中所付出的经济性、组织性及科技性的劳动或付出。③

邻接权以"投资"与"科技利用"为依据，以"法人"为原始权利主体的制度特征，恰恰能够为人工智能生成物的保护，找到比较自洽的逻辑根据。毫无疑问，人工智能生成物是典型的"科技利用"的结果，在某种程度上也是既有作品的利用结果。因为人工智能的"创作"离不

---

① 马苏耶.罗马公约和录音制品公约指南［M］.刘波林，译.北京：中国人民大学出版社，2002：4.

② 章忠信.著作权与邻接权［EB/OL］.（2001-09-01）［2018-05-12］.http://www.copyrightnote.org/ArticleContent.aspx？ID=9&aid=2521.

③ REILLY T. Good Fences Make Good Neighboring Rights：The German Federal Supreme Court Rules on the Digital Sampling of Sound Recordings in Metall auf Metall［J］. Minn.J.L.Sci.&Tech.，2012（13）：153-209.

开对既有作品的"学习"。

除了保护条件较为"宽容"、重视投资保护外，以邻接权来保护人工智能生成物，还有许多的法理或者制度优势。

第一，邻接权的保护强度较低。比如，邻接权不再过度强调所谓的"人格权"属性或者"人格利益"保障。在传统的三种典型性邻接权形式中，除了表演者权强调某些人格性权益保护（即表演者的署名利益与表演形象不受歪曲）外，录音制作者权和广播电视组织者权一般只涉及财产内容，而不涉及人格利益。再如，在"财产权内容"方面，邻接权的权能也比（狭义）著作权的权能少了许多。著作权涵括复制权、发行权、表演权、广播权、展览权等十多项具体权能，而邻接权则仅涵括复制、发行、信息网络传播等少数内容的权能。另外，著作权的保护期往往长于邻接权的保护期。著作权的保护期往往依作者的生命期加50年（甚至是70年或者90年）来确定，而邻接权仅依表演首次发生或者录音录像首次录制发生或者广播电视节目首次播放之日起50年计算。之所以将"保护强度较弱"认定为是邻接权的一项制度优势，在于人工智能生成物的"生成"比人类智慧要简便迅捷很多，使之与人类智慧产物进行区别保护，在人们朴素的伦理认知中，或许更具有可接受性。

第二，既然"邻接权"是与著作权"相邻"的权利，那么，将符合"作品外观"的人工智能生成物纳入其保护范围，至少是符合与著作权"相邻"的"直观"印象或初步想象。《德国著作权法》区分照片与摄影作品时，将前者作为邻接权的客体，后者作为著作权的客体。① 按照这一

---

① McCutcheon, Jani.Curing the Authorless Void: Protecting Computer-Generated Works Following Ice Tv and Phone Directories [J]. Melbourne University Law Review, 2013（37）:46-102；梁志文. 论人工智能创造物的法律保护 [J].法律科学（西北政法大学学报），2017（5）: 163.

思路，人工智能生成物为邻接权，而人类智慧生成物为著作权保护方式，便有了立法例的参考。

第三，长期以来，邻接权制度都没有把追求"人类精神创作激励"作为第一宗旨。这就使得我们有可能将更多的制度宗旨嵌入邻接权的制度体系中。诚如学者所言："在对邻接权制度进行再阐释的过程中，若将保护投资者视为邻接权权利保护系统的核心宗旨，我们便能消解人工智能生成物的生成与邻接权系统表象上的冲突，为人工智能生成物授予邻接权创造基础的条件。……人工智能便如同表演者一般对设计者的'剧本'（受版权保护的软件程序）进行了自主乃至恣意的演绎。"[1] 对人工智能生成物法权化，可以体现为对人工智能生成物的技术性、经济性、组织性等投入或者投资的肯认。这恰恰是邻接权固有的制度底蕴。

第四，邻接权保护客体不要求严格意义上的独创性。这也意味着邻接权可以为那些在形式上无法达到"独创性"，但是又具有市场价值的"生成物"提供法律保护的可能。前文所述"电话号码簿"以及我国台湾地区曾发生讼争的"电脑分析图"，在邻接权模式下，或许都能够找到保护的依据。[2]

第五，赋予人工智能生成物邻接权保护，能够维持著作权法律体系的完整与逻辑自洽。因为邻接权属于广义的著作权制度。同时，也契合邻接权的制度功能（保护传播者与投资者等），能够体现利益平衡

[1]　易继明.人工智能创作物是作品吗？［J］.法律科学（西北政法大学学报），2017（5）：141.
[2]　我国台湾地区智慧财产法院在 2009 年度民著上字第 16 号民事判决中指出："本件上诉人系争电脑分析图表，其分析图之产生有赖使用人输入相关参数后，电脑软件依据该参数自行运算并制作出分析图，是以上述分析图之产生或变化，系电脑软件依据输入之参数运算后之结果，此种结果既系依据数学运算而得，自非'人'之创作，自难因此认为系著作权法所保护之标的。"详见台湾地区智慧财产法院 2009 年度民著上字第 16 号民事判决书。

原则。①

第六，对人工智能生成物赋予邻接权，是以参照式的制度创造出来的。这样的做法既可以避免出现制度"从无到有"的突兀性，保证法律认知与法律适用的路径依赖性，又可以对人工智能生成物的特殊情况进行针对性的制度创造与创新，避免因传统制度变革而引起旧有制度的种种"不适"，增强其可预见性与针对性。"当建立一项全新的法律制度时，将有机会对保护对象、保护条件、权利主体、权利范围、权利限制、责任规则做全盘的考虑。"②

必须承认的是，对人工智能生成物以邻接权保护，确有其美丽的诱惑力。然而，这种赋权模式也有着许多固有缺陷难以克服。就保护投资者而言，著作权法并非不能解决"投资者保护"的问题。法人"视为作者"、雇用作品等规范体系都在阐述着著作权法得以保护投资者的困难。既然著作权法能够解决投资者的保护问题，那么，我们是否有必要进行一项"前无古人"的制度创造呢？从实践的角度来看，人工智能生成物以邻接权保护，最大的难题仍然是如何区分人工智能"自主创作"与人类智慧共同"创作"之间的界分问题。在人工智能生成物与人类智慧创作实行差别化保护的思路下，意味着著作权保护将有着更多的吸引力。那么，我们的制度设计如何有效避免人工智能的设计者或者所有者故意利用举证规则的不足而将人工智能生成物搭上著作权保护的"便车"呢？此外，人工智能生成物的邻接权归属，同样也面临着困局。人工智

---

① 许明月，谭玲.论人工智能创作物的邻接权保护：理论证成与制度安排［J］.比较法研究，2018（6）：42-54.

② 梁志文.论人工智能创造物的法律保护［J］.法律科学（西北政法大学学报），2017（5）：163.

能的设计者与生产者，以及所有者之间，谁才是真正的投资者？若都是投资者，那么，谁才是更应该受到邻接权赋权激励的投资者呢？

（三）特殊权利（Sui Generis）的"蹊径"

特殊权利的保护，最初源于数据库投资者对数据库保护的诉求。

数据库作为一种产品形态与服务形式，具有重要的社会价值和商业价值。数据库以其庞大的信息源，能够极大地满足人们对信息的有效获取和便捷利用的需求。然而，对于数据库投资者来说，数据库建设是一项需要投入大量的人力、物力、精力与资金的活动。若缺失法律的保护，数据库将很容易被人随意地"复制、抄袭与窃用"，而数据库投资者的投资或将面临"血本无归"的窘境。在最初的意义上，人们首先想到的保护模式，就是著作权法。著作权法以禁止他人复制、抄袭为主要内容的方式，似乎恰能实现数据库投资者对数据库保护的基本定位。但在著作权法保护的过程中，却面临着另一个尴尬的问题，即著作权法是强调独创性与人类精神创作的主旨性，而数据库往往难以满足所谓的"独创性"要求。于是，以著作权法方式保护那些在"选择与编排上具有独创性"的数据库，以"特殊权利"方式保护那些不具有任何独创性的数据库投资的保护模式应运而生。

1992 年，欧洲委员会向欧盟理事会提交了相关的数据库著作权保护条款草案；1996 年欧洲议会及欧盟理事会正式颁布《关于数据库法律保护的指令》。该指令的颁布被认为是独立于传统著作权法的数据库特殊权利保护体系正式建立。该指令明确指出"立法"的目的之一是为数据库提供法律保护，因为"数据库的制作需要投入大量的人力、技术和资金，而他人却可以远低于独立制作其所需要的费用复制或使用这些数据库……对数据库内容未经许可的撷取或重复使用会造成严重的经济与技术后果"。① 为了使得本国企业的数据库能够在欧盟得到特殊权利的保护，美国国会于 1996 年 5 月接受了一个题为"保护数据库投资与制止知识产权盗版"（Database Investment and Intellectual Property Antipiracy Act of 1996，简称 H.R.3531）的法案。1999 年 10 月，名为"制止盗版信息集合体"（Collections of Information Antipiracy，简称 H.R.354）的法案又被提交到美国国会。② 尽管这两个法案并未获得美国国会的正式通过，但是，却代表着数据库特殊权利保护的一种立法态度或者权利主张。

根据《关于数据库法律保护的指令》（以下简称《指令》）所建立的数据库特殊权利保护规则，如果数据库的制作者能够表明其于获取（obtaining）、校正（verification）或提供（presentation）数据库内容之时在质和（或）量上付出了实质性（substantial）投资，他可以阻止他人对其数据库内容的质和（或）量上的全部（the whole）或实质性部分（a substantial part）进行"提取"（extraction）和（或）"再利用"（reutilization）。③ 这也就是说，《指令》赋予数据库制作者的特别权利是防止对数据库内容的全部或经定性或定量证明为实质部分进行撷取与 / 或反复利用的权利（即撷取权和反复利用权）。数据库特殊权利保护体系，不仅是为那些能满足独创性要求的数据库提供保护，也为那些不具独创性（即不符合著作权法规定的独创性要件）但制作者却为此付出了实质性投资的数据库提供更加周全的法律保护。对于后者（即不满足著作权法独创性保护要件的数据库），《指令》提供 15 年的专有保护期。

---

① 参见《关于数据库法律保护的指令》"鉴于"条款。

② 商晓帆.论数据库的特殊权利保护［J］.图书馆学研究，2003（5）：69-73.

③ 卢海君.论数据库的特殊权利保护［J］.重庆工学院学报（社会科学版），2009，23（11）：26.

与欧盟的《指令》相比，美国 H.R.3531 法案试图扩大特殊权利的权限范围，而不仅仅将其局限于撷取权和反复利用权。按照 H.R.3531 法案第四条第一款的规定，未经数据库制作者授权，任何与数据库正常利用相冲突的或对数据库潜在市场有威胁的方式都将被禁止。而按照该条第二款的规定，所有提供与数据库直接或间接竞争的产品及服务行为，都将被视作与数据库的正常利用相冲突或对数据库的实际或潜在市场造成了不利影响。H.R.3531 法案规定，特殊权利的保护期为 25 年，比欧盟《指令》规定的保护期延长了 10 年；而保护期续展条件更为宽松，不再要求有"实质性投入"，而只要数据库内容有了"任何商业意义的变动"，其保护期都可以重新计算。①

在民间文学艺术商业性开发利用与民间文学艺术保护需求的困局中，人们发现传统的著作权法也无法实现对民间文学艺术的良好保护。著作权的期限性与民间文学艺术的"长期性"相冲突，而民间文学艺术的"群体性"创作又与著作权归属于具体民事主体的规则相悖。于是，基于数据库保护需求而摸索出来的"特殊权利"保护又被人们"借鉴"到民间文学艺术的保护。②

从特殊权利的形成与演化来看，我们似乎能够看到这样的共性，即特殊权利保护的对象几乎都与传统著作权法的保护对象有着"形似"或者"神似"的外观，但其各种特性使其与传统著作权法存在着或多或少

---

① 商晓帆.论数据库的特殊权利保护［J］.图书馆学研究，2003（5）：69-73.

② 如 WIPO 和 UNESCO 于 1982 年制定的《保护民间文学艺术表达、防止不正当利用及其他侵害行为的国内法示范条款》即建议以特殊权利来对民间文学艺术进行保护。2000 年《巴拿马特别法》即采用此模式。从我国的立法动向来看，我国似乎也是倾向于特殊权利保护。参见魏玮.民间文学艺术表达的版权法保护困境与出路［J］.暨南学报（哲学社会科学版），2015，37（4）：91.

的"嫌隙"，而难以在著作权法体系中找到恰当的位置。

那么，既然如此，特殊权利保护能否为人工智能生成物提供妥适的法律保护样式呢？

与"邻接权"模式相似的是，特殊权利的"专有性"或者"排他性"明显弱于著作权。至少，特殊权利保护体系权限较少，且不再过多地强调所谓"人身权益"的保护。此外，特殊权利保护为权利享有者提供的保护期较短（如 15 年或者 25 年）。特殊权利体系既关注了数据库的"智慧创造性贡献"，也关注了其他非智慧创造性的贡献，如货币投资、组织工作等。各国试图将民间文学艺术纳入特殊权利体系进行保护，也证明这一模式具有开放性或者包容性。对于人工智能生成物的保护而言，若采用特殊权利模式，则意味着还有一个特别的制度优势，即这将是一种几乎"全新"的制度创造，我们可以针对人工智能生成物的特质与人们的诉求，进行创造性的制度建构。

然而，若采用特殊权利模式，其中困局也与邻接权模式几乎相同。此外，特殊权利模式本身并不是一项很成熟或者很具普世性 / 普适性的制度，尚未有充分的实践检验。[①] 特殊权利体系在我国，目前仅处于学者的讨论与论证中，并未被转化为立法行动。在这种情境下，我们对人工智能生成物采取特殊权利模式是否是一种过于"冒险"的"制度创新"？

（四）物权的"历史底蕴"

物权概念起源于罗马法，意旨于权利人"对其物享有支配权，此种权利无须义务人实施一定行为便可实现"。[②] "权利之究极目的在乎享受

---

① 比如，数据库的特殊权利立法主要是欧盟的数据库指令、世界知识产权组织数据库公约草案以及美国有关数据库特殊权利保护的立法。

② 王利明.物权法论：修订本［M］.北京：中国政法大学出版社，2003：1.

利益……唯物权之利益，实以直接支配其标的物而享受之为其特点"① 所谓直接支配，即指权利人可以依据自己的意志直接依法占有、使用其物（如其占有、使用桌椅），或采取其他的支配方式（如处置桌椅的所有权，甚至消灭桌椅的物理形态）。这种支配，包含对物本身的支配与控制，也包含对物的价值的支配（如设定抵押权）。物权的支配性法律保障，意味着物权还具有优先性、追及性等特征（如物权人对于他人的不当处分，有权追回其享有所有权的物）。自罗马法时期发展至今，物权体系已经成为大陆法系最为成熟的制度系统。

如果我们仔细梳理著作权的生成历史，我们很容易发现，物权是被作为最重要的参照依据的。"精神所有权"概念，正是在与物权/所有权的概念比拟中而逐渐形成的。某些著作权的保护对象，如摄影作品，甚至在最原始形式上，是从物权的保护模式开始的。

那么，作为私法体系中最具历史底蕴的权利设定，物权能否为人工智能生成物提供保护思路呢？

乍看之下，似乎很难。因为传统物权法是以保护有体物为己任的，而人工智能生成物显然不是有体物！其实，这种逻辑似乎过于简单粗暴。在理论上，长期有学者主张物权的保护客体应该涵括无体物，也有《法国民法典》作为立法例遵循。② 应该说，将人工智能生成物纳入物权的保护体系有着一定的理论基础。若换一个视角，我们仍然可以看到物权的形影。谁都不能否认人工智能生成物必须有载体，而载体定然是有体物。在许多人工智能生成物情境中，生成物的载体是其重要的价值依据。比如，谷歌提供的人工智能设备 Deep Dream 所生成的"美术作品"被成功

---

① 郑玉波.民法物权［M］.黄宗乐修订，台北：三民书局股份有限公司，2008：19.

② 王利明.物权法论（修订本）［M］.北京：中国政法大学出版社，2003：28.

拍卖。① 这一拍卖之所以能够成功，除了人工智能这种特殊性外，也定然与竞买者重视这一"美术作品"载体的控制与支配有关。然而，对于人工智能生成物而言，在更多的场域中，需要保护的恰不是作为有体物的载体，而是载体所呈现出来的内容。而传统物权权能似乎难以实现有效控制性需求。

在权能配置方面，物权具有占有、使用、收益与处分等权能。但这些权能的实现，只能以特定物为中心。物权的权能不能及于该特定物以外的物品，即便这些物与该特定物相同或者相似。物权的使用、收益与处分权能的实现，以对物的占有（包括直接或间接）为前提；失去占有，便失去了使用、收益与处分的基础。"所有权在它统一的随便哪一个权能中（无论占有、使用，还是处分）都可以作为占有权出现。"② 对于人工智能生成物来说，物权权能的上述属性，决定了其无法实现保护的需求。因为人工智能生成物保护的主要目标之一在于控制或限制具有相同或相似内容的生成物的利用（如复制、发行、表演等）。然而，物权权能的配置问题是关键吗？著作权也是支配权，为何著作权的支配性可以控制他人的复制、发行、传播等行为，而物权不能呢？若我们在物权权能配置方面稍微往著作权的支配性迈进的话，其实也完全可以实现对人工智能生成物的有效保护。

在法理上，若我们将人工智能作为权利客体来认知，那么，客体生成的客体，似乎符合物权法"原物与孳息"的逻辑机理，即人工智能是

---

① Margaret A. Boden, Ernest A. Edmonds. What is generative art? [J].Digital Creativity, 2019, 20：21-46；熊琦.人工智能生成内容的著作权认定 [J].知识产权, 2017 (3)：4.

② 约菲.苏联民法思想的发展：第 2 卷 [M].圣彼得堡：列宁格勒大学出版社, 1978：5；王利明.物权法论：修订本 [M].北京：中国政法大学出版社, 2003：257.

物，其生成物可视为"孳息"。按照这一思路，对人工智能生成物的权利归属主体的确认，也比较容易实现，即除法律或者合同有明确的规定或者约定，则原物（即人工智能）所有权人可取得"孳息"（即人工智能生成物）的"所有权"。

这样看来，以物权模式实现人工智能生成物的保护，似乎也有了可能。既然如此，我们需要往这一模式前进吗？笔者认为，这一模式尽管可能，但并非最佳。尽管物权体系有着悠久而厚重的历史沉淀，但这种沉淀恰恰成为一种负担。在人们的日复一日的生活与研习中，对物权的基本观念、结构与性质已经形成了根深蒂固的认知。突破这种认知的难度，反不如重新进行一项全新的制度创造来得容易。这或许是著作权（包括邻接权）以及特殊权利没有在物权体系中生成，而是在制度的比拟与参照中"自立门户"的一个原因吧！

（五）债权的"相对性优势"

作为古罗马对人之诉而引申出来的概念，债权与物权一样都有着深厚的历史积累。

债权的最大优点就是任意性强，即债权的内容、方式、结构、期限等通常都可以在法律的框架内由当事人之间自由约定。换言之，法不禁止即可有所作为。这也意味着，对于人工智能生成物的保护而言，债权模式可以充分发挥其任意性特征，在法律框架内由当事人之间进行约定而形成保护体系。比如，人工智能的设计者、制造者、使用者等主体可以通过协议约定的方式，对人工智能生成物的权益归属、分配以及其他相关事宜进行约定，通过这种约定，形成债权，进而直接或者间接地对人工智能生成物提供法律保护机制。换言之，即便我们的法律不对人工智能生成物进行赋权，特定当事人之间仍然可以基于合同的约定而对特定的人工智能生成物形成"债权"，进而间接实现对人工智能生成物的法律保护。这种约定，可以在两个单一的民事主体之间进行，也可以在某个特殊领域的行业协会内部进行，更可以在行业协会与行业协会之间进行。而后者更具意义。比如，就人工智能"创作"新闻报道而言，新闻媒介有关单位或者有关协会就可以就人工智能生成物的保护与利用问题达成"集体性协议"。在我国法律就人工智能生成物形成明确的保护模式之前，有关组织或者行业协会就可以以这种"集体性协议"的方式进行"先行先试"，为后续的立法建构提供参考。

然而，就人工智能生成物而言，债权似乎始终是一种无法"入流"的保护模式。至少从现有研究资料来看，国内外鲜有学者对人工智能生成物的保护提出"债权保护模式"。这与债权在历史沉淀中"生成"的"固有"制度特性有关。相比于物权、著作权等权利类型，债权的最大特征就是相对性，即债权是相对权，是对人权，是请求权，只能在特定的当事人之间发生效力。[①] 这也就是说，债权人通常只能依照债的规定性向特定的债务人请求为或者不为一定行为。除非有法定或者约定条件设定（如由第三人受益的合同或者由第三人代为履行的合同等），债权人不得要求特定债务人以外的其他民事主体实施特定的行为。债权的相对性意味着其无法具有充分而有效的排他性与支配性。而对于人工智能生成物保护而言，人们更希冀的模式，不仅要"赋权"，而且需要这种权是"法定之权"，具有较为充分的支配性与排他性。若非如此，相应的权利保护模式似乎都缺乏足够的制度吸引力，因为这样的保护模式所提供的保护似乎不够充分与有效。

---

① 王利明. 物权法论：修订本［M］. 北京：中国政法大学出版社，2003：8-9.

此外，作为请求权，债权保护的最长期限必须遵从民法所确立的最长诉讼时效规则。在我国法律体系中，债权的最长保护期只能是 20 年。对于人工智能生成物的保护来说，这样的期限，似乎太长，但又似乎太短。相比于著作权与物权，这样的期限，自然太短，但是相比于专利权，这样的期限似乎并不短。在保护期限上，人工智能生成物若短于人类智慧生成物，更具有可接受性。这似乎可以说是债权模式保护人工智能生成物的一大缺憾，又是一大优势。①

（六）反不正当竞争法的"行为典范"

从其运用状态来看，人工智能生成物通常都是被"用于竞争目的"，或者说，是竞争过程中的"创造"。换言之，人工智能生成物通常都是作为一种竞争性"产品"而进入市场的。这与人工智能的特质有关。人工智能所具备的"精确、高效、优化"等方面的"能力"，特别是在需要大量数据分析的新闻报道与科学研究领域，人工智能在利用大数据和大规模分析数据等方面的优势，能够为其设计者或者所有者（使用者）在相关市场的竞争中创造众多的"先发优势"，进而增强其社会关注度、经济回报率与市场竞争力。美联社的"机器人记者"能够每季度撰写 3000 篇新闻报道，就是典型的"高效"表现。人工智能生成物的这一"市场属性"，意味着反不正当竞争法在人工智能生成物的法律保护方面上有了较好的契合与切入。

"既有知识产权所保护的知识产品只是整个知识资产的冰山一角，许多新涌现的知识财产利益，以及在立法过程中可能被忽略的知识财产

---

① 基于不同的利益群体来说，诉求不同，意味着制度的效应不同，相应的意见或者价值取向也不同。所以，笔者才可提出债权模式是优势又是缺憾这样矛盾性的表述。

利益，无法在知识产权法定主义之下获得保护。知识产权法的这种不周延性，使知识产品需要在知识产权法之外寻求新的补充保护手段。《反不正当竞争法》能够很好地胜任这一补充保护的角色。"① 对"知识产品"提供兜底与补充保护，是"反不正当竞争法的传统任务，也是现代反不正当竞争法的基本任务之一"。② 尽管人工智能生成物是"产品"，也具有明显的"知识"外观，但人们对人工智能生成物在现行的知识产权法律体系中的定性与定位，仍存在着众多的疑虑。《中华人民共和国反不正当竞争法》（以下简称《反不正当竞争法》）对知识产品的"兜底性"与"补充性"保护，似乎可以解决人们在疑虑中的保护"空窗期"。

区别于著作权、物权等以客体为导向和轴心的法制体系，反不正当竞争法不涉及客体的设定，而是关注市场行为的正当性与否问题。从人工智能生成物保护角度来看，反不正当竞争法并不关注人工智能生成物的属性以及是否赋权，而是关注市场竞争对手对属于他人的人工智能生成物的利用行为是否正当，以及对市场竞争的影响程度。从其主旨来看，反不正当竞争法对竞争秩序的规范以及对不正当竞争行为的制裁，也能够基本实现人工智能设计者或者所有者在利用人工智能生成物过程中的基本目标。只要能够保证其有足够的市场竞争优势与经济回报，人工智能生成物的法律属性与赋权与否，似乎都是可以暂时忽略的问题。这也使得人们在一定程度上摆脱了对人工智能生成物法律属性的争论以及赋权与否的纠结。

显然，《反不正当竞争法》以其行为规范法的特质能够在一定程度上

---

① 卢纯昕.《反不正当竞争法》一般条款在知识产权保护中的适用定位［J］.知识产权，2017（1）：55.

② 王先林.竞争法视野的知识产权问题论纲［J］.中国法学，2009（4）：10.

"妥适"地解决人工智能生成物在市场竞争中的保护困境。然而，这仅仅是初步解决了一些表象问题。《反不正当竞争法》并没有解决人工智能生成物的属性以及是否应当赋权的问题，其行为规范法的性质也决定了其无法承担起人工智能生成物法律属性设定以及赋权与否的"责任"。而讨论人工智能生成物的属性及其是否应当赋权的问题，不仅是因为其涉及市场竞争，更是因为其可能不涉及市场竞争，但又恰恰与科技文化进步与人类福祉有着重大关联。

四、邻接权模式的"优选"

诚如许多学者的判断：人工智能正在改变我们的日常生活，并从多方面颠覆这个世界。这种改变比互联网以及智能手机的广泛运用带来的改变或许更具深远意义。所以，"我们要为这种变革做好准备，特别是要以一种正确的方式来看待这些人工智能"。① 人工智能生成物的法权化模式与制度建构，实际上是人工智能无数深刻法律命题中的一部分。

毋庸置疑，任何一种社会现象的出现及其法律困局，都不是单一的法律体系所能够"良好"地承担起"破局"的责任。对于人工智能生成物来说，也是如此。诚如前文所述，著作权、邻接权、特殊权利、物权、债权等都有为人工智能生成物提供赋权或者保护模式的可能。但是，在当下，前述任何单一赋权或者模式，都或多或少面临着逻辑缺憾。这种缺憾的存在，一方面源于这些法律制度在历史沉淀或者演化中所形成的"固有特性"，另一方面源于人们对法律制度历史沉淀与积累的严重依赖性。既然如此，对于人工智能生成物的保护，并非没有路径。关键的问

---

① 卡洛，弗兰金，克尔.人工智能与法律的对话［M］.陈吉栋，董惠敏，杭颖颖，译.上海：上海人民出版社，2018：3.

题是：我们愿意在保护人工智能生成物的路上走多远。只要我们愿意走，即使再崎岖、再泥泞，人都可以走下去。即使没有路，也可以开辟出一条路，并继续走下去。

然而，若在已经有路的情况下，开辟出一条新路，或者走崎岖的路，并不是很理性的选择。诚如柏克所言："任何一个人就应该以无限的审慎去冒险推翻一座大厦（这座大厦曾在漫长的时代中、在某种过得去的程度上适应了社会的共同目的），或者冒险建立一座新的大厦，而在自己的眼前却没有什么经过考验的有效用的模型和样板。"[①] 在当前，我们的最佳选择，不应该是去开辟一条新路，而是应该进行道路的拓宽或者改进。但这样的道路的拓宽或者改进或将不能损害到这一道路的根基。仅就人工智能生成物的法权化而言，适度尊重特定制度体系在一国的积累与沉淀，并因此进行制度的创新，应当是优选。比较而言，邻接权制度所具有的独特属性与弹性张力，使得其在人工智能生成物的法权化路径中具有法理逻辑的自洽性与立法技术的前瞻性。换言之，从人工智能生成物的属性设定与赋权方面来看，邻接权模式或许是最佳选择。

著作权模式之所以不是最佳，是因为著作权的赋权，将"损害"著作权法之"人类精神创作"的"高贵血统"与"激励人类创作"这一崇高主旨。如前文所述，人工智能的创作效率将远远高于人类。若将其生成物与人类智慧创作保持着相同程度的保护水准，或将严重扼杀人类的精神创作积极性。将人工智能生成物赋予邻接权，一方面可以"继续"保持著作权法的"人类精神创作"的纯粹性；另一方面也可以对人工智能生成物实行较低强度的保护水准。同时，还可以在制度上保证人工智能生成物与人类智慧创作保持"难以割舍"的"血脉关联"。

---

① 柏克.法国革命论［M］.何兆武,许振洲,彭刚,译.北京：商务印书馆,2009：80.

　　特殊权利模式与邻接权模式有着相似或相仿的"制度创新"优势，但是至少在我国，邻接权有着较为丰富的法制实践，而特殊权利模式却缺乏有效的实践积累。物权的"赋权"与"改造"之所以不能，是因为这样的"赋权"与"改造"，将在最核心的地方"动摇"传统物权理论的基石。债权模式与反不正当竞争模式，确有其应用价值，但是它们都没有解决人工智能生成物的属性设定以及赋权与否的前置性问题，即债权模式与反不正当竞争模式，都没有回答人工智能生成物是什么的疑问。

　　对于人工智能生成物赋予邻接权的制度设定，目的之一就是，对人类智慧生成物之著作权保护予以区分与甄别。如前文所述，在这种区分与甄别后，著作权模式保持着"人类精神创作激励"的"纯粹性"，其权益配置的根据在于为人类智慧生成物提供更多的"权益"激励与制度保障。对于人工智能生成物的邻接权保护而言，其根据不在于"激励人类智慧创作"，而在于鼓励"知识"的积累与传播以及对人工智能生成物应用与推广的投资。显然，人工智能生成物在"表现形式"上符合"知识"的基本特征，在客观上也能满足人们的精神与文化消费需求。这也正是人工智能生成物需要法权化的内在逻辑。在操作层面上，为了保证人类智慧生成物与人工智能生成物的界分问题，宜考虑实行"标注"制，即人工智能生成物的权利主体，在公开其人工智能生成物时，必须秉持最大诚信原则进行"标注"，注明其系人工智能生成物。这种"标注"是一种法定义务。若未依法进行标注，可在征信系统中对义务人进行适当的"惩戒"。同时，为了鼓励权利主体进行准确"标注"，可以考虑"标注"为人工智能生成物的情形下，若发生人工智能生成物侵害他人合法权益之情形，责任主体得以适当减免侵权责任。比如，在有"标注"的情况下，不再适用"赔礼道歉、消除影响"之责任承担方式；在同等情况下，责任主体得以减免 30% ～ 50% 的赔偿损失责任等。之所以这样设定，是因为在纯粹的人工智能创作情境中，对于侵权行为的发生，责任主体并没有强烈的主观恶意，不具有太高的可非难性。

基于权利法定主义考量，对人工智能生成物法权化，并赋予邻接权，则需要考虑的问题是，如何设定与传统邻接权类型相区别，又能体现人工智能生成物权利保护特色的名称。有学者主张在现有的邻接权类型中进行选择，[①] 也有学者主张新设 "数据处理者权"[②] "数据再生成者权"[③] "人工智能创作投资者权"[④] "人工智能生成物制作者权"。[⑤]

比较而言，"人工智能生成物制作者权" 更为妥适。这一名称既体现了保护的客体属性，即人工智能生成物，也体现了权利归属的重要考量因素，即对生成物的制作贡献的尊重与保障。同时，该术语体现 "制作者权"，也容易令人联想到 "录音录像制作者权"，并形成并行权利的印象。这也是其优点之一。当然，人工智能生成物制作者权，很容易让人误以为 "制作者" 就是人工智能的使用者或设计者、制造者。在尚未找到最恰当的术语前，使用 "人工智能生成物制作者权" 无疑是可取的。

我国《著作权法》现有的邻接权类型均无法恰当地表述或传递人工

---

① 王果. 论计算机 "创作作品" 的著作权保护 [J]. 云南大学学报（法学版），2016，29（1）：20-25.

② 陶乾. 论著作权法对人工智能生成成果的保护：作为邻接权的数据处理者权之证立 [J]. 法学，2018（4）：3-15.

③ 秦涛，张旭东. 论人工智能创作著作权法保护的逻辑与路径 [J]. 华东理工大学学报（社会科学版），2018，33（6）：77-87.

④ 许明月，谭玲. 论人工智能创作物的邻接权保护：理论证成与制度安排 [J]. 比较法研究，2018（6）：42-54.

⑤ 刘强. 人工智能创作物邻接权保护模式研究：兼论人工智能创作物制作者权的构建 [J]. 山东科技大学学报（社会科学版），2020，22（2）：28-37.

智能生成物保护的特色，且相关制度也无法自洽地形成人工智能生成物的保护。所以，希冀在现有的邻接权类型中进行选择不是明智之举。

"数据处理者权"之所以不恰当，是因为该名称体现更多的是数据处理结果的权利保护问题，而无法体现人工智能及其生成物的相关信息；同时，数据处理结果的范围似乎比人工智能生成物的保护范围更大，例如，人类借助电脑进行数据处理，同样可形成相应的结果，但这样的结果不符合本书讨论的假设前提。该概念很容易使人将其与数据库特别权利保护、汇编作品等概念相混淆。此外，人工智能生成物的保护并不完全是数据的处理结果，还要涉及"思想""情感"等具有人类智慧元素的表达。所以，除非拟设定一种涵括人工智能生成物在内的范围更大的权利体系，否则，该术语无法准确表达人工智能生成物的保护旨趣。

"数据再生者权"概念可能希冀表达人工智能生成物是建立在数据的学习与分析的基础上的。但"数据"的前置，与"数据处理者权"存在相同的问题。

"人工智能创作投资者权"能够准确表达立法者对投资利益的保护的态度，但是，这却不符合各国著作权法对邻接权名称设计的惯常做法。例如，录音录像制作者权，也有涉及投资利益的保护，但并没有写明"录音录像投资者"。而且，"投资者"也是很容易令人混淆不清的概念。

第五章　人工智能生成物的权能与权属建制

一、人工智能生成物作为邻接权客体的设定

如前文所述，不是所有的人工智能生成物均可落入本书主张的邻接权保护范围。换言之，作为邻接权保护的客体，人工智能生成物须满足特定的要件。这样的要件应从以下两个层面来掌握。

第一，生成物之"生成主体"或者"创作主体"须为人工智能。落入邻接权保护范围的生成物必须是人工智能独立完成，或者其实质性内容是由人工智能完成，而人类智慧仅做出辅助性贡献。这里的人类贡献排除人类智慧在人工智能的编程、设计、制造等方面的贡献，而是针对得以满足本书所主张的邻接权保护要件的生成物"生成"的直接贡献。如果人类智慧对生成物做出了直接的实质性贡献，而人工智能仅仅作为辅助工具来使用，诚如人类借助电脑等工具创作作品一样，那么，这样"生成"或"创作"的内容，宜以人类智慧创作物的名义给予保护。颇有疑问的是，其中人类智慧或者人工智能的独立贡献程度或实质性贡献程度如何把握？笔者认为，可以"模拟场景"或者以"是否具有可重复性"进行判断。也即如果某一人工智能生成物，其他完全行为能力人，甚至是限制行为能力人可以在知悉人工智能基本操作流程的情况下进行相关操作，并可重复生成相同或相类似的结果，则可视为人类智慧的贡献程

度不具有实质性。

第二，在表现形式上，得以落入邻接权保护范围的人工智能生成物，应是那些所有具有市场价值、能满足人类精神或者物质需要的生成物，而不局限于那些具有作品"形式外观"或者"表象"的生成物。这也就是说，那些在"形式上"具有可著作权性的生成物，如微软公司诗人机器人小冰生成的"诗歌"，以及那些在"形式上"不具有"独创性"但具有市场价值的生成物，如节目预告表、通讯录，都应落入邻接权的保护范围。有学者主张，对于落入著作权或者邻接权保护范围的人工智能生成物，应具有原创性。这原创性强调"客观表达的差异性，而不要求必须体现作者的个人印记"。① 这一主张值得借鉴适用，也即针对那些在形式外观上满足作品要件的"生成物"，其"形式外观"或者"表象"仅体现其客观内容表述或者表达的差异性，而不再强调表达的情感属性或者其他具有人类智慧特有的品性。有学者进一步认为，因人工智能生成物生成速度快、海量更迭等因素的影响，对可受邻接权保护的人工智能生成物应提高"客体标准"（即要求"高于普通人类创作作品"或者具有"较高程度的创造性"），以大幅度节约法律资源，降低保护难度，甚至主张较高程度的独创性。② 笔者认为，这一主张不可取。因为那些不具有作品"形式外观"的生成物，如前文所述的电话号码簿纠纷，可能也具有重大的市场价值，能够为相关的权利主体或者利益关联者带来重大的经济利益或者竞争优势。况且，邻接权的立法旨趣就是不过度计较所谓的"创造性"或者"创新性"。

---

① 许辉猛.人工智能生成内容保护模式选择研究：兼论我国人工智能生成内容的邻接权保护 ［J］.西南民族大学学报（人文社会科学版），2019，40（3）：100-106.

② 余思文.我国人工智能生成物邻接权保护研究［D］.合肥：安徽大学，2020：25-26；魏启琳.人工智能生成物邻接权保护研究［D］.成都：四川师范大学，2019：24.

二、人工智能生成物的结构化权能

著作权是文学、艺术和科学作品的创作者对其所创作的作品享有的专有权或者垄断权。邻接权是作品的传播者或其他投资者在作品的传播过程中付出的创造性劳动和投资享有的专有权利。广义上的著作权包括邻接权。为了保障相关权利主体的利益，各国立法均赋予著作权（及邻接权）权利主体"丰富多样"的结构化权利，并使其紧跟科技的发展而保持扩展态势。[①] 对于著作权以及邻接权的具体权限或者权能结构，各国基于不同的立法政策或法律文化等因素做出具有较大差异的规定。如以德国法与法国法为代表的作者权制度系，著作权被当作基于作品的创作而产生的权利，是基于自然人人格的延伸与保障。与此相对应，作者权制度系的立法赋予作者经济权利与精神权利，甚至认为精神权利具有著作权权能结构的核心地位。如狭义上著作权的权利主体享有发表权、署名权、保护作品完整权和作品收回权等精神权利；邻接权主体享有身份表明权、形象不受歪曲权等精神权利。[②] 而以美国法、英国法为代表的版权制度系，则将著作权当作一种比较纯粹的经济权利，因而其立法中并不注重所谓的作者精神权利的规定与保护。对于经济权利，作者被赋予复制权、发行权、表演权、出租权、翻译权、摄制权等十多项具体权能。

---

① 例如，信息网络传播权是各国（包括世界知识产权组织）为了回应信息化与网络化给著作权造成的巨大冲击而创设的一项重要权利。在数字化资源越发重要的时代背景下，这一权利逐渐"超越"传统的"复制权""发行权"等权利，成为著作权利主体获得经济回报的最主要权能之一。

② 例如，《法国知识产权法》第 212 条规定，表演艺术家对自己的姓名、表演身份以及表演活动享有受尊重的权利；《德国著作权法》第 83 条规定，表演者有权禁止他人歪曲和篡改自己的表演，以免对自己的名誉与声望带来损害。参见李明德，许超 . 著作权法［M］. 2 版 . 北京：法律出版社，2009：197.

作为邻接权的权利主体（之一），表演者享有许可他人广播或向公众传播其表演、许可他人录制其未被录制过的表演、许可他人复制录有其表演活动的录音制品等权利；广播组织者享有许可或禁止同时转播其广播节目、许可或禁止他人将其广播节目加以固定，以及许可或禁止他人复制固定后的节目载体等权利。①

对于人工智能生成物，如果我们以邻接权模式进行法权化，那么，我们应赋予其哪些结构化权能呢？

如前文所述，人工智能生成物赋予邻接权保护，其权能内容应当保持谨慎与保守。比较而言，其权能内容应当少于著作权，也少于传统意义上的表演者权，而与广播组织者权或者录音制作者权相仿。著作权与表演者权包含着众多具有强烈"人身"或者"人格"属性的权利，如保护作品完整权、保护表演形象不受歪曲权，而人工智能生成物保护并非基于人工智能所谓法律主体的"精神利益或人格利益"延伸保护，故不应被赋予这类具有人类"精神利益"或者"人格利益"属性的权能。但是，有两种"类精神权利"应当予以规定。其一，人工智能"署名"的权利，也即表明"身份"，既关涉权益归属的确认，也关涉公众对人工智能生成物的识别问题。其二，人工智能生成物之"公之于众"的权利。这是因为人工智能生成物是否公开以及何时何地"公之于众"，都会直接关涉权利主体能否有效充分地获得经济利益与竞争优势。此外，为了与邻接权之传统意义之权能保持基本的"稳定性"与"协调性"，人工智能生成物之邻接权，在财产性权利方面也不宜过度扩展。参考广播组织者权或者录音者权之权能，人工智能生成物之财产性权利宜设定为复制权、发行权、网络传播权与广播权。

---

① 李明德，许超．著作权法［M］．2版．北京：法律出版社，2009：208.

具体而言，人工智能生成物的权利人对人工智能生成物享有以下结构性权能：

（一）标记权及其义务性规则

这是借鉴传统著作权之署名权与表演者之表明表演者身份权而形成的概念。① 人工智能虽然没有人类特有的思想与情感，不具有保护期人格利益的必然性，但是，人工智能也具有承载识别性与称谓性人格利益的可能性，② 应当享有在其生成物上标记或者署名的"权利"。"人们在利用或者开发某一人工智能技术时，总会对该人工智能赋予一定的名称，进而在最终的人工智能技术或者系统上形成其特有的名称（如百度智能机器人'小度'以及国际商用机器公司的机器人'沃森'等)"。③ 之所以不采用"署名权"或者"身份表明权"，抑或"贡献表明权"，而采用标记权，是为了避免人们将其与传统意义的著作人身权相混淆，同时也是为了进一步表明其财产权倾向。标记权的主要内容是：人工智能或者人工智能的实际控制者等有关主体有权在人工智能生成物中标注其与生成物之间的贡献关系，并有权禁止他人随意删除、篡改标志。如果人工智能依本书之主张而登记成为独立的法律主体，则标记权由人工智能享有与行使；如果人工智能没有登记成为独立的法律主体，而仅作为客体存在，则该标记权由人工智能实际控制者享有与行使。因人工智能的设计

---

① 我国有不少学者赞成赋予人工智能生成物"署名权"，如北京大学的张平教授、中南大学的刘强教授等。参见刘强．人工智能知识产权法律问题研究［M］．北京：法律出版社，2020：180；尹琨．人工智能成"创作"主体，版权问题何解［EB/OL］．（2019-05-23）［2020-05-09］．http://media.people.com.cn/n1/2019/0523/c40606-31100054.html.

② 罗祥，张国安．著作权法视角下人工智能创作物保护［J］．河南财经政法大学学报，2017，32（6）：144-150.

③ 刘强．人工智能知识产权法律问题研究［M］．北京：法律出版社，2020：180.

者、制造者等主体因对人工智能存在设计、制造等贡献，对人工智能生成物具有直接或者间接的影响，故这些主体也得以享有本书主张的标记权（即标记贡献程度的权益）。

标记权的行使以人工智能生成物为媒介。对标记权的侵害，主要表现为对人工智能生成物贡献程度的否定，如直接或者间接妨害权利主体在生成物上进行标志；以告知、新闻发布、广告等方式否认其对生成物的贡献；删除或者随意变更贡献主体的贡献顺序利益等。

鉴于人工智能可涉侵权责任，而人工智能的设计者、制造者、实际控制者等主体可能因某些责任连接因素而承担相应的法律责任，而这些主体（即设计者、制造者等）在人工智能生成物中进行标注或标志，将有助于被侵权人对相关责任主体进行准确的识别，故标记权也同时具有义务属性。强调突出标记权的义务属性，是为了避免有人恶意将人工智能生成物"混淆"成为人类智慧创作物，并因此享有更高标准的法律保护力度。也即人工智能生成物的权利主体，在公开其人工智能生成物时，必须秉持最大诚信原则进行"贡献程度的标注"，准确地注明其系人工智能生成物。在被称为我国首例人工智能生成物著作权纠纷案（即北京菲林律师事务所诉北京百度网讯科技有限公司著作权侵权纠纷一案）中，法院亦认为，他人皆不可以作者身份署名于人工智能生成物，而应该在生成内容的结尾处，加上特殊的生成标志，以表明生成物的性质或者属性。[①] 基于这一考量，权利主体必须将人工智能生成物进行准确的标注，以方便人们识别其生成物的属性，也意味着权利主体得依照该权利禁止他人将人工智能生成物作为人类智慧创作作品进行标志。

---

① 参见 北京互联网法院（2018）京 0491 民初 239 号民事判决书。

若义务主体未依法进行标注，则市场监督管理部门可在征信系统中对义务人进行适当的警示与"惩戒"。同时，为了鼓励权利主体进行准确"标注"，可以考虑"标注"为人工智能创作物的情形下，若发生人工智能创作物侵害他人合法权益之情形，责任主体可以适当减免侵权责任。比如，在有"标注"的情况下，不再适用"赔礼道歉、消除影响"之责任承担方式；在同等情况下，责任主体得以减免30% ~ 50%的赔偿损失责任等。之所以这样设定，是因为在纯粹的人工智能"创作"情境中，对于侵权行为的发生，责任主体并没有强烈的主观恶意，不具有太高的可非难性。

此外，标记权的义务属性，也意味着标记权原则上不得放弃，也不鼓励标记权转让。① 如果实践中出现标记权转让的情形，则由"表见"主体享有权益，并承担相应的法律责任，即由受让者享有权益并承担责任。例如，甲（人工智能）生成某"视听作品"，并将标记转让给乙，乙在该"视听作品"上标记自己的"姓名"等身份信息，则如果该"视听作品"侵害他人隐私权，则由乙承担侵权责任；对于甲的责任，则依照双方的转让协议约定处理（但不得违反法律的强制性规定）。

如果人工智能生成物的利用者或者使用者在使用过程中，按照"生成物"属性与特有的方式进行，不存在损害"标志"利益的危险，也不违反人们的惯常做法，则可以不对生成物的贡献者及其贡献值进行标志。

---

① 也有人认为，人工智能生成物的"署名"仅仅是作为人工智能生成物之间的区别符号。……有合同具体约定的情况下，人工智能所有者可自由将"署名权"让渡予他人或直接放弃，以保证权利的流动性、人工智能生成物的市场价值以及进一步的文化传播。魏启琳.人工智能生成物邻接权保护研究［D］.成都：四川师范大学，2019：32.

例如，公园、车站等将人工智能生成的"音乐"作为背景音乐使用，没有特别标志其贡献者，但听众很容易通过相应的系统阅知该"音乐"的贡献者及贡献值情况，则不宜认定这样的行为构成侵权。

（二）公开权

如前文所述，人工智能生成物是否公开以及何时何地"公之于众"，会直接关涉权利主体能否充分有效地获得经济利益与竞争优势。在传统意义上，"公之于众"的权利，是"发表权"的当然性内容，但发表权又被确认为著作人身权。基于此，人工智能生成物之"公之于众"的权利，可以考虑将术语拟为"公开权"，并进一步拟定该权能为财产性权利，而非人身性质的权利。

尽管是借鉴"发表权"这一精神权利（著作人身权）来创设，但是，因将其界定为经济权利或财产权利，故"公开权"不具有专属性。因人工智能生成物"公之于众"更合乎社会公共利益，我们的立法应转让"公开权"，并积极鼓励"公之于众"。

鉴于公开之后，便处于公众可任意阅知的状态，故公开权只能行使一次。[①]某一人工智能生成物自其"生成"后，无论在什么时间、什么地点，只要权利主体以符合法律规定的方式披露出来，置于公众可阅知的状态，即为行使了公开权。颇有疑问的是，如果他人未经权利主体的同意，擅自将人工智能生成物公开，权利主体是否仍享有公开权？这里有两种思路：一种思路认为，尽管人工智能生成物的公开未经权利主体的同意，但人工智能生成物确确实实已经被公之于众，此

---

① 这是在借鉴发表权一次用尽理论。当然，也有学者对发表权一次用尽理论提出反对意见。详见衣庆云. 对发表权诸问题的再认识［J］. 知识产权，2010，20（4）：58-59.

时已无必要再保留公开权给权利主体，而宜重点考虑如何对这种侵权行为实施侵权制裁与权利救济。另一种思路认为，尽管公开权被侵犯，但权利主体仍有再次公之于众的意义，因而，人工智能生成物公开权仍保留在权利主体手中。这种思路以《日本著作权法》对发表权行使的规定为代表。[①] 考虑到公开权、财产权属性以及鼓励公开之考量，笔者倾向于第一种思路。

如果人工智能生成物在不同媒介形式上"公开"，那么，只有第一次公开才属于这里的"公开权"行使，除此以外的公开方式都属于"公开权"的控制范围。这也就意味着，如果同一"生成物"在受到著作权保护的数个国家范围内在不同的时间"公开"，则应认定第一次的公开为公开权之行使。但如果同一"生成物"在受到著作权保护的数个国家范围内同时"公开"，那么，宜根据各国的具体规定来认定公开权的行使有关问题。

公开权的行使，与经济权利（财产权利）有重大关联。许多权能的行使必须建立在"公之于众"的状态下，故在特定情形下，应当推定权利主体同意公开或者推定其已经行使了公开权。如以"小说"或者"剧本"形态呈现的人工智能生成物，经权利主体授权而拟拍摄为视听作品，则应推定权利主体同意将该生成物向社会公开。再如，权利主体将生成物提交给司法机关作为相关的证据，而司法机关将人工智能生成物转交给对方当事人进行质证，以及司法机关在裁判文书中对生成物的部分或全部内容进行摘录而导致生成物被公开。

---

① 详见《日本著作权法》第18条之规定。另见胡云红. 论著作权法上的电影作品及其作者精神权利的保护：以中日著作权法制度为中心 [J]. 河北经贸大学学报（综合版），2006, 6（4）：19.

值得注意的是，如果人工智能生成物涉及第三人，则公开权的行使可能受到第三人权利的制约。这里所说的第三人的权利可能是著作权等知识产权，也可能是隐私权、肖像权等人身权，更可能是其他合法权利。这也就是说，在这种情形下，人工智能生成物公开权的行使应获得第三人的同意或者授权。

（三）复制权

复制权，即未经权利主体之同意，不得将人工智能生成物再次固定于其他载体上。换言之，复制权是权利主体享有的以任何形式对人工智能生成物进行复制，以及禁止他人复制的权利。在传统复制技术领域，复制是著作权利用最为常见的形式，常常被认为是创作物进行其他利用的基础。在现代数字与人工智能时代，以复制为基础而对"作品"或者"生成物"进行利用的现象更为普遍；同时，复制也变得更加简单、方便与快捷，成本低廉，复制品的传播速度与广度就具有不可估量性，因此，排除他人对人工智能生成物的"任意"复制具有重要意义。

从再现"作品"或"生成物"的内容角度来看，复制有狭义、广义与最广义三种理解。狭义的复制是指以印刷、复印、拓印、录音、录像、翻录等形式将"作品"再现于其他有形载体上；广义的复制是指演绎性使用，即保留原"作品"内容的同一性，但改变作品独创性表达，如将小说改编为剧本；最广义的复制是指提示作品内容的形式，也即以公众不获得"作品"复制件的无形方式再现作品，包括朗诵、表演、广播等。① 我国 2010 年修正的《著作权法》第 10 条第 1 款，明确将复制权的复制控制范围限定于"印刷、复印、拓印、录音、录像、翻录、

---

① 李扬 . 著作权法基本原理［M］. 北京：知识产权出版社，2019：183.

翻拍等方式"。同时，该条又规定了翻译权、摄制权、改编权等权利。《著作权法》在2020年修正时，除在复制形式中增加了"数字化"这一形式外，其他内容没有变化。从这可以看出，我国《著作权法》是从狭义的角度来规范复制权的，这与世界主要国家的著作权法规定相同或相似。例如，《德国著作权法》第16条将复制权界定为"无论以临时的还是永久的任何方式和任何数量制作著作复制件的权利"，并规定"无论将再现的著作录制成音像制品，还是将音像制品中的著作转录成另一音像制品，这种反复再现音像序列（音像制品）而在设备上将著作进行的转移也属于复制"；同时第19条规定"朗诵、表演和放映权"；第20条规定"播放权"等。① 《英国著作权法》第17条"复制侵权"之（2）款关于"文学、戏剧、音乐或者艺术作品的复制"的界定是"以任何物质形态对作品进行复制，这包括通过电子手段以任何媒介储存作品"。同时，第19～20条规定"公开表演、播放或放映作品的侵权"以及"向公共传播之侵权"等内容。② 意大利、韩国等国均有类似规定。③ 鉴于对人工智能生成物实施"弱保护"原则，因此，其复制权的控制范围也应从狭义复制来掌握。

---

① 十二国著作权法［M］.《十二国著作权法》翻译组，译.北京：清华大学出版社，2011：149–150.

② 十二国著作权法［M］.《十二国著作权法》翻译组，译.北京：清华大学出版社，2011：576–578.

③ 详见《意大利著作权法》第13条"排他复制权"、《韩国著作权法》第2条"定义"之22项与第16条、《日本著作权法》第2条"定义"之第1款第15项规定。但是，比较特别的是，《日本著作权法》对"剧本和其他类似戏剧化使用的作品"以及"建筑作品"的复制权控制范围进行了扩展解释。《日本著作权法》第2条"定义"之第1款第15项规定："复制，指通过印刷、照相、复印、录音、录像或者其他方法进行有形形式的再制作。有下列情形之一的，属于复制行为：1.剧本和其他类似戏剧化使用的作品。复制包括对该作品的表演、播放或者有线播放进行录音、录像；2.建筑作品。复制包括按照建筑图纸完成建筑物。"

　　狭义复制的主要特征在于，不改变"生成物"的个性特征表达或者具有市场价值内容的特别编排，在有形载体上"忠实"再现原生成物的内容，而有形载体能够被转让或者传阅。

　　对于人工智能而言，以下三种情况值得注意：一是以数字化形式将人工智能生成物"可永久性"地存储于其他人工智能或者类似设备的内置存储设备上，是否应属于复制权的控制范畴？① 二是人工智能基于"学习"之需要或者技术性原因，而临时性复制（暂时性复制），是否属于复制权的控制范畴？三是平面形态与立体形态之间的转换，是否属于复制权的控制范围？前两者之所以重要，是因为这是人工智能"智能化"或者"具有创作能力"的必要前提。没有"永久性"或者"临时性"复制，便不存在所谓的"机器学习"，人工智能的"创作"便无从谈起。

　　笔者认为，以数字化形式"可永久性"地存储于内置设备，依现行著作权法及主流学说，均应认定属于复制权控制范畴。2020 年《著作权法》修正特别增加"数字化"表述，也可以看出立法者的倾向性态度。对于人工智能生成物而言，这样的"可永久性"存储应纳入复制权控制范围。

　　对于临时性复制或暂时性复制，各国及地区立法规定有所区别。如《英国著作权法》第 17 条"复制侵权"之（6）款规定："对于任何类型的作品，复制均应包括对作品进行的临时性复制或者基于对作品的其他使用所产生的附随性复制"。② 依《德国著作权法》第 16 条规定，权

---

① 如果是人类智慧创作的作品，则以数字化形式存储于人工智能内置存储设备上，应当认定为落入复制权的控制范围。

② 十二国著作权法［M］.《十二国著作权法》翻译组，译. 北京：清华大学出版社，2011：576.

利主体被授予广泛的复制权，但是，在特定前提下允许暂时性复制行为。依《德国著作权法》第 44 条 a 的规定，这种特定前提条件主要是：暂时性复制必须是短暂的或者伴随性的，是技术过程中必不可少的或者重要的组成部分，且不能有独立的经济利益或者经济意义。[①] 若满足前述特定前提条件，则暂时性复制不受复制权之控制。我国台湾地区"著作权法"第 22 条第 3 款规定："著作人除本法另有规定外，专有重制其著作之权利。表演人专有以录音、录像或摄影重制其表演之权利。前两项规定，于专为网络合法中继性传输，或合法使用著作，属技术操作过程中必要之过渡性、附带性而不具独立经济意义之暂时性重制，不适用之。但计算机程序著作，不在此限。前项网络合法中继性传输之暂时性重制情形，包括网络浏览、快速存取或其他为达成传输功能之计算机或机械本身技术上所不可避免之现象。"我国学者则多倾向于认为暂时性复制不属于复制权控制范畴。如有学者认为，暂时性或临时性复制不是传统著作权法意义上的复制，不受著作权控制；[②] 也有学者认为，暂时性复制也属于复制，但是考虑到该复制属于技术操作过程中必要的过渡性、附带性，并且不具有独立的经济意义的现象，无行为人介入，因此应当排除出复制的控制范围。[③] 而且，欧盟 2001 年《信息社会著作权和邻接权指令》第 5 条也明确将暂时性复制排除在复制权的控制范围之外。严格来说，在人工智能语境下，暂时性复制确实可能没有人类直接作用力介入，因为人工智能可实行"自主学习"

① 莱特.德国著作权法：第2版［M］.张怀岭.吴逸越，译.北京：中国人民大学出版社，2019：120.

② 王迁.知识产权法教程［M］.3版.北京：中国人民大学出版社，2011：126-129.

③ 罗明通.著作权法论［M］.台北：台英国际商务法律事务所，2005：457；李扬.著作权法基本原理［M］.北京：知识产权出版社，2019：185.

而进行暂时性复制。同时，这种暂时性复制是具有重要意义的。人类智慧不可能通过这样短时间的"临时性复制"而获得太多的经验知识，但是，人工智能却完全可以在极短的时间内通过复制而进行"深度融合学习"，并获得所谓的"经验知识"。此外，暂时性复制对于人工智能及其生成物获得有利竞争地位是有益的。例如，某一人工智能可以通过暂时性复制进行深度融合学习，但其他人工智能尚不具备这种能力，那么，具有这种学习能力的人工智能便能够获得更多的竞争优势，其所"生成"的内容将更具有"新鲜度"。这似乎意味着将暂时性复制纳入人工智能生成物复制权的控制范围具有合理性。但考虑到人工智能生成物的复制权是在与人类智慧作品的复制权进行比拟与参照的基础上形成的概念，而且要秉持"弱保护"原则，所以笔者倾向于主张不将暂时性复制纳入复制权的控制范畴。

对于平面与立体形态之间的转换，在我国现行法律语境下，属于复制权控制范畴，应不存疑义。在 2007 年北京国际饭店诉杨某著作权纠纷案中，法院认为，被告未经原告同意，擅自按照原告的展位设计图搭建展位的行为，属于侵害复制权的行为。① 在深圳腾讯公司诉佛山康福尔公司著作权纠纷案中，被告将企鹅卡通形象转化为加湿器的外观设计，构成对复制权的侵犯。② 在立法例上，《英国著作权法》明确规定："关于艺术作品的复制，包括对平面作品的立体复制和对立体作品的平面复制。"③ 尽管这种平面形态与立体形态之间的转化，应属于复制权的控制

① 参见 北京市第二中级人民法院（2007）二中民终 17952 号民事判决书。
② 参见 北京市第二中级人民法院（2008）二中民终 19112 号民事判决书。
③《英国著作权法》第 17 条之（3）。十二国著作权法［M］.《十二国著作权法》翻译组，译. 北京：清华大学出版社，2011：576.

范畴，但是，若相关形态的转换符合著作权法规定的"限制与例外"之情形，则权利人无权控制。例如，对于设置于公共场所的雕塑、建筑等作品，公众对其进行摄影、临摹、录像，以及利用摄影、临摹、录像后的成果的行为，都不应受权利人复制权的控制。[①] 因为平面与立体形态之间的转换行为，会影响"作品"或者"生成物"的竞争态势或者经济利益分配，所以，若参考人类智慧创作的复制权立法，人工智能生成物之复制权，似得以控制平面与立体形态之间的转换行为。但从"弱保护"原则以及扩大与激励文化传播的角度出发，笔者认为，对于此种行为，可嵌入"法定许可"机制，即对人工智能生成物实施"平面与立体形态之间的相互转换"适用"法定许可"；利用人无须获得权利人的许可，但应当准确标注原始形态生成物的贡献者与贡献值，同时支付合理报酬；但若符合合理使用等相关规定而适用其他规定。

（四）发行权

在立法例上，发行权有广义与狭义之区别。广义的发行权是指著作权人以销售、赠予、出租、进口等方式向公众提供作品原件或者复制件的权利。如《德国著作权法》规定的"发行权"控制范围包括了出租，但不包括"以有线或者无线方式提供作品"。[②] 美国等极少数国家著作权

---

① 李扬.著作权法基本原理［M］.北京：知识产权出版社，2019：187.

② 《德国著作权法》第17条"发行权"规定："1.发行权，指公开提供著作原件或者复制件，或者使之进入流通的权利……3.本法规定的出租，指一定时间内直接或者间接为营利目的服务的物之使用……"第19条a规定"提供提供权"，第20条规定"播放权"（如广播电视的播放、卫星播放等）。十二国著作权法［M］.《十二国著作权法》翻译组，译.北京：清华大学出版社，2011：150.

法甚至将网络上的公开传播也规定为发行权的控制范围。① 狭义的发行权仅指以出售或者赠予的方式向公众提供作品原件或者复制件的权利。WCT（世界知识产权组织版权条约）、WPPT（世界知识产权组织表演和录音制品条约）以及我国《著作权法》、《日本著作权法》等立法则采用狭义概念。②

参考 WCT、WPPT 等的规定，以及贯彻人工智能生成物"弱保护"原则，赋予人工智能生成物的"发行权"宜从狭义上把握，也即这里的人工智能生成物的"发行权"指未经权利主体之同意，不得将人工智能生成物的载体以赠予或者销售方式向公众提供。

根据上述界定，人工智能生成物的发行对象为公众或者特定的多数人。换言之，若限于极小范围的特定人群之间提供，则不属于发行权的控制范围。公众是指不特定的多数人。发行对象若为公众，则意味着任何人均处于可能获得人工智能生成物的原件或者复制件的状态。只要处于任何人均可获得的状态下，即使没有任何人购买或者受赠该人工智能生成物的原件或者复制件，仍然认为侵害发行权。特定的多数人，则是因为人数过多而被做扩大理解。这一理念是借鉴了公司法"公众公司"

---

① 《美国著作权法》第 106 条第 3 项赋予了发行权极其广泛的内涵："以销售或其他转让所有权的方式，或者以出租、租赁或出借的方式向公众发行著作权作品的复制品或录音制品。"十二国著作权法［M］.《十二国著作权法》翻译组，译. 北京：清华大学出版社，2011：729. 李扬. 著作权法基本原理［M］. 北京：知识产权出版社，2019：190.

② 详见 WCT 第 6 条、WPPT 第 12 条、我国《著作权法》（2020）第 10 条第 1 款第 6 项、我国台湾地区"著作权法"（2016）第 28 条之 1 规定，以及《日本著作权法》第 26 条。如 WCT 第 6 条规定发行权，但该协定声明特别强调：发行权所涉及的复制件与原件仅仅包括以有形的物质形态固定的复制件。我国台湾地区"著作权法"（2016）第 28 条之 1 规定："著作人除本法另有规定外，专有以移转所有权之方式，散布其著作之权利。"第 29 条规定出租权。

的概念。^①值得讨论的是，特定的多数人应设定怎样的范围？例如，超过5人的特定人群，能否被视为特定的多数人？超过20人呢？笔者认为，同样可以参照公司法的相关规定，将"特定的多数人"设为50人，即人工智能生成物的发行对象超过50人，即便这50人均为特定对象，但仍应认定为侵害发行权。但发行特定对象人数等于或者少于50人的，则不属于发行权的控制范围。^②此外，发行权的载体限于有形载体。这也就意味着，以网络传播的形式向公众或者特定多数人提供人工智能生成物的行为，不宜被认定为是对发行权的侵害。之所以如此认定，是因为网络传播不涉及有形载体，而且，网络传播的形式可以纳入"网络传播权"进行控制。

为了保障商品的流通，促进智慧成果的学习与交流，平衡作品载体所有权人与著作权人之间的利益关系，各国著作权法多规定"发行权一次用尽"原则。根据这一原则，作品原件或经授权合法制作的复制件经著作权人许可，首次向公众销售或赠予之后，著作权人就无权控制该特定原件或复制件的再次销售或赠予行为。同理，对人工智能生成物也应适用"发行权一次用尽"原则。唯值得讨论的是，发行权一次用尽是"国内用尽""区域用尽"，抑或是"国际用尽"？对于传统意义上的人类作品，欧盟采用"区域用尽原则"，即一旦作品在欧盟经济区域内销售（赠予），则著作权人的发行权在欧盟内穷竭。美国政府基于竞争政策考量，倾向于采用国内用尽原则。我国《著作权法》似采用国际用尽原

---

① 在公司法理论中，若发行股票的对象为特定对象，但是股东人数超过200人的，则视为公众公司。

② 根据公司法的规定，有限公司的股东人数为1～50人。这就意味着股东超过50人，便只能成立股份公司，而股份公司已初步具备公众公司的基本特性。之所以不借鉴公众公司股东超过200人的方案，是因为50人已达到人数较多的程度，足以对权利主体的利益产生较大影响。

则。① 为了更好地保障人类利益，促进知识与实用技术的引进与发展，我国对人工智能生成物的发行权一次用尽范围宜采用"国际用尽"。

（五）信息传播权

在数字时代，网络传播已经成为作品传播的主流形式，也必将成为人工智能生成物传播的主要方式。网络信息传播，其传播速度、传播广度、传播维度都是传统传播方式难以匹敌的。换言之，网络传播将使得人工智能生成物的网络获取变得极为简单，而且几乎是零成本。这不仅是对人工智能生成物市场价值的一种漠视，也是对竞争秩序的一种破坏。因此，对人工智能生成物设定信息网络传播的权能具有现实意义。

笔者认为，我们可以借鉴《伯尔尼公约》第 11 条之二"广播权"、WCT 与 WPPT "向公众传播权（Right of Communication to the Public）"，以及我国《著作权法》"广播权""信息网络传播权"的规定，将这一权利设定为"信息传播权"。即未经权利主体同意，不得以有线或者无线的方式将人工智能生成物向公众传播，使公众获得该生成物。

《伯尔尼公约》第 11 条之二规定："文学艺术作品的作者享有下列专有权利：（1）授权广播其作品或以任何其他无线传送符号、声音或图像的方法向公众传播其作品；（2）授权由原广播机构以外的另一机构通过有线传播或转播的方式向公众传播广播的作品；（3）授权通过扩音器或其他任何传送符号、声音或图像的类似工具向公众传播广播的作品。"根据 WCT 第 8 条与 WPPT 第 10 条、第 14 条规定，文学和艺术作品的作者（包括表演者与录音录像制作者）应享有专有权，以授权将其作品

---

① 李扬 . 著作权法基本原理［M］. 北京：知识产权出版社，2019：191-192.

（包括以录音制品录制的表演与录音录像制品）以有线或者无线的方式向公众传播，包括将其作品向公众提供，使公众中的成员在其个人选定的时间和地点获得这些作品。

我国《著作权法》对上述国际公约进行吸收与立法转化。2001年，我国《著作权法》第二次修订时，于第 10 条第一款之（十一）与（十二）分别增加规定"广播权"与"信息网络传播权"。"广播权"是指"以无线方式公开广播或者传播作品，以有线传播或者转播的方式向公众传播广播的作品，以及通过扩音器或者其他传送符号、声音、图像的类似工具向公众传播广播的作品的权利"；信息网络传播权，是指"以有线或者无线方式向公众提供作品，使公众可以在其个人选定的时间和地点获得作品的权利"。比较而言，这两项权利有许多共同特点，如规范行为都涵括了以有线或无线的方式对作品的传播。法律文本对两种权利都有"有线或无线"的描述，常常令人感到困惑。对此，有学者尝试对两者进行区别性判断，并提出两者的区别主要表现在以下六个方面：（1）两者的传播媒介不同。前者借助的媒介是广播电台，后者借助的媒介是互联网（或万维网）。（2）两者传播的信息不同。前者传输的是电波信息，后者传输的是电子信息。（3）使用者接收信息的方式不同。广播信息的接收者只能在特定的时间获得信息，而网络传播信息的接收者可以在自己选定的时间和地点接收信息。（4）两者的使用者与传播者的相互关系不同。在广播中，使用者只能"被动地接收内容"；在信息网络传播中，使用者是"交互式传播"。（5）信息容量大小不同。广播容量较小，而网络传播容量大。（6）内容的使用方式不同。广播中，使用者对内容的使用只能限于欣赏或获得知识；而网络传播中，使用者可以实现对传播内容的改变，而不仅仅是欣赏与学习。[①]多数学者则倾向于认为，两者的关键区别在于：广播权的控制行为是单向性的广播，而信息网络传播权主要控制的是交互式的传播。[②]也有学者认为：信息网络传播权和广播权的界分应以承载作品的信号在传播介质中保留的时间长短为依据。[③]

然而，随着技术的发展，传统的广播形态与广播方式发生了重大变化。传统的广播技术和互联网技术发生融合，网络实时播放"广播节目"或转播"广播节目"成为可能，广播节目通过网络传播或播放逐渐流行。[④]例如，现在有很多广播电台，或者电视台都同时提供实时网络直播和事后点播服务（回看时间可以是几分钟、数天甚至是数年）。在这样的背景下，以单向性抑或交互式来区分广播权与信息网络传播权之间的控制行为范围差别，将变得越来越困难，或者说将失去法律适用的区分意义。

显然，立法者已经注意到上述问题。国家版权局于 2012 年 3 月提出的《著作权法（修改草稿）》将广播权的名称改为播放权，并扩张其权能；将信息网络传播权的控制领域由交互式扩张为直播、转播或者使公众可以在其个人选定的时间和地点获得作品等。[⑤]但，2012 年 7 月，《著

① 吴汉东.知识产权法［M］.4 版.北京：北京大学出版社，2009：66.

② 王迁.知识产权法教程［M］.3 版.北京：中国人民大学出版社，2011：149；李扬.著作权法基本原理［M］.北京：知识产权出版社，2019：209.

③ 刘银良.信息网络传播权及其与广播权的界限［J］.法学研究，2017，39（6）：97-114.

④ MAUR R. Internet Distribution of Music Performance［J］.International Business Lawyer，1999（27）：165-166；刘银良.信息网络传播权及其与广播权的界限［J］.法学研究，2017，39（6）：97-114.

⑤ 在该草案中，播放权，即指"以无线或者有线方式向公众播放作品或者转播该作品的播放，以及通过技术设备向公众传播该作品的播放的权利"；信息网络传播权，即指"在信息网络环境下，以无线或者有线方式向公众提供作品，包括直播、转播或者使公众可以在其个人选定的时间和地点获得作品的权利"。

作权法（修改草稿第二稿）》又有变化，将"修改草案"中信息网络传播权拟规定的"直播、转播"删除。① 此后，在 2012 年 12 月《著作权法修订草案送审稿》、2014 年《著作权法修订草案意见征求稿》以及 2020 年 4 月《著作权法修正案（草案）》等都有不同的变化。② 这些都说明立法在信息网络传播权与广播权控制范围上的"纠结"态度。从立法说明来看，将广播权改为播放权，其中很重要的目的在于将广播权修改为播放权，适用于非交互式传播作品（包括实践中的网络的定时播放和直播等），将信息网络传播权适用于交互式传播作品。从 2020 年 11 月审议通过的《著作权法修正案》来看，立法者维持原广播权的术语，而没有采纳"播放权"的概念；同时，修正案对关于"广播权"的控制行为范围做了明确的排除，即将信息网络传播权的控制范围排除于广播权。法律文本的表述是"广播权，即以有线或者无线方式公开传播或者转播作品，以及通过扩音器或者其他传送符号、声音、图像等类似工具向公众传播广播的作品的权利，但不包括本款第十二项规定的权利"，而第十二项是关于信息网络传播权的规定。③ 立法文本的如是表述，似乎透露出这样的态度，即立法者承认在实践中作品的广播是可能通过网络或者交互式进

---

① 在修改草案第二稿中，信息网络传播权，是指"以无线或者有线方式向公众提供作品，使公众可以在其个人选定的时间和地点获得作品，以及通过技术设备向公众传播以前述方式提供的作品的权利"。播放权的界定没有变化。对比而言，似乎拟将权利控制范围在立法表述上，与广播权保持一致性或者相似性。

② 例如，2012 年 10 月的修改草案第三稿，拟将"信息网络传播权"改为"网络传播权"，但权利控制范围与修改草案第二稿的表述是一致的。2014 年 4 月著作权法修订草案送审稿进行公开征求意见时，又改回"信息网络传播权"，并界定为"以无线或者有线方式向公众提供作品，使公众可以在其个人选定的时间和地点获得作品的权利"。

③ 根据 2020 年 11 月著作权法修正案，信息网络传播权，即以有线或者无线方式向公众提供，使公众可以在其选定的时间和地点获得作品的权利。

行传播的。但，为了与《伯尔尼公约》、WCT 等国际条约的内容保持"一致性"，也为了使已在我国开花结果的"信息网络传播权"制度及其适用努力得以继续，《著作权法修正案》才会对这两项权利做"但书"的技术处理。

诚然，从理论上区分作品传播的单向性或者交互性，是很简单的事情，但是，在司法实践中，这种区分及其举证将是非常困难的。在人工智能领域，这种区分与举证将更加困难。根据谁主张谁举证的诉讼原则，权利人若要主张广播权的侵害，而信息网络传播权的侵害，就必须证明被告的传播行为是单向性的，而非交互性。如举证不能，则可能面临败诉风险。基于此，许多权利主体在起诉时，往往不明确被告侵害的权利类型，而笼统地主张"侵害著作权"。从诉讼结果来看，不论是侵害广播权，抑或是侵害信息网络传播权，最后都体现为对侵权责任的承担，而承担侵权责任最直接的区别在于法定赔偿标准的适用与确定。通常认为，行为人侵害信息网络传播权对权利主体的影响更大，所以，法定赔偿的基本标准会更高些，而侵害广播权对权利主体的影响更小，其法定赔偿的基本标准更低。这种考量的重要因素就是前者是交互式，而后者是单向式的。例如，根据北京高级人民法院 2020 年 4 月颁布的《关于侵害知识产权及不正当竞争案件确定损害赔偿的指导意见及法定赔偿的裁判标准》，在无其他特别因素影响的情况下，侵害信息网络传播权与侵害广播权在适用法定赔偿标准时，前者的法定赔偿基本标准更高，而后者相对更低。① 笔者认为，区分传播的方式（单向式或者交互式）而在适用法定赔偿时确定不同的基本标准是科学的。这与传播方式对权利主体的影响程度是相对应的。但，基于这种区分而分设两种权利类型则没有实质意义，容易徒增举证或者法律适用之困扰。所以，在人工智能视阈下，宜吸收"信息网络传播权"与"广播权"，合并为"信息传播权"。② 这一权利术语没有突出"网络"而突出"信息"，意在于强调信息传播，而非传播的渠道或者手段。在这一权利下，权利主体有权控制他人未经许可的远程提供生成物的行为，其提供的渠道或者手段可以是无线方式，也可以是有线方式，既可以是单向式，也可以是交互式。但是，在确定赔偿标准时，若权利主体能举证传播方式（即是单向式还是交互式）有区别，则裁判的赔偿金会有所区别。换言之，传播方式是作为确定赔偿标准的参考因素。

---

① 例如，根据北京高级人民法院于 2020 年 4 月颁布的《关于侵害知识产权及不正当竞争案件确定损害赔偿的指导意见及法定赔偿的裁判标准》，在无其他特别因素影响的情况下，侵害信息网络传播权与侵害广播权在适用法定赔偿标准时，前者的法定赔偿基本标准更高，而后者相对更低些。《裁判标准》第 6.3 条"广播、放映的基本赔偿标准"规定："被告未经许可将涉案视频类作品进行广播或放映的，无其他参考因素时，电影、电视剧、纪录片、动画片类作品每部赔偿数额一般不少于 2 万元；微电影类作品每部赔偿数额一般不少于 1 万元；综艺节目视频类作品每期赔偿数额一般不少于 3000 元；其他短视频类作品每条赔偿数额一般不少于 2000元。"第 6.5 条"在线播放的基本赔偿标准"规定："被告未经许可在线播放涉案视频类作品、制品，无其他参考因素时，电影、电视剧、纪录片、动画片类作品每部赔偿数额一般不少于 3万元；微电影类作品每部赔偿数额一般不少于 1.5 万元；综艺节目视频类作品每期赔偿数额一般不少于 4000 元；其他短视频类作品每条赔偿数额一般不少于 2500 元；录像制品每部赔偿数额一般不少于 500 元。"

② 在著作权法修订过程中，有学者曾建议合并"广播权"与"信息网络传播权"，统称为"向公众传播权"，用以控制使用任何技术手段远程传播作品的行为。参见王迁.我国《著作权法》中"广播权"与"信息网络传播权"的重构［J］.重庆工学院学报（社会科学版），2008（9）：23-28；焦和平.三网融合下广播权与信息网络传播权的重构：兼析《著作权法（修改草案）》前两稿的相关规定［J］.法律科学（西北政法大学学报），2013，31（1）：150-159.

三、人工智能生成物的邻接权限制

哈耶克曾指出，责任是自由权利的应有之义，自由权利的论据只能支持那些能够承担责任的人，享有自由权利不能忽视社会责任。[①]《世界人权宣言》（1948）也深切地指出："确认及尊重他人之权利与自由，并谋符合民主社会中道德、公共秩序及一般福利需要之公允条件。"对人工智能生成物法权化，意味着赋予权利主体对人工智能生成物享有专有权，保障其合法的垄断，但同时又应对这种专有权进行适当限制，以凸显其社会义务或社会责任。换言之，在宪政视角下，对权利主体的权利进行限制，是基于对权利主体社会义务或社会责任的强调，以共同增进社会共同福祉；在私法视角下，如是权利限制，则是为了避免权利的滥用，损害使用者 / 消费者的正当诉求。

基于公益性目标，建构私人权利与社会公益的平衡状态，对著作权（包括邻接权）进行限制，也是世界各国的通行做法。但如何对权利主体享有的著作权（包括邻接权）进行限制，是关涉多方利益如何平衡的敏感性话题，也是能够对著作权立法目的能否实现产生重要影响的问题。因此，各国对著作权（包括邻接权）进行限制，多采用法定原则。即对权利限制的事由与适用条件，必须有法律明文规定。在立法例上，对著作权的限制存在两种模式。一种是封闭式的权利限制模式，也即法律明确举例权利限制的各种具体事由与情形。在这些具体事由与情形之外，不存在权利限制的一般性条款或者具有兜底式的概括性条款。德国、日本、意大利等国采取此种模式。另一种是半封闭式的权利限制模式，即

---

① Hayak F A. The Constitution of Liberty［M］. Chicago：The University of Chicago Press, 1990；汪太贤 . 权利的代价：权利限制的根据、方式、宗旨和原则［J］. 学习与探索，2000（4）：82-87.

对权利的限制规定了一般性的权利限制条款，同时也规定了具体的适用事由；或者，在规定具体的适用事由的情况下，对未穷尽的事由另行设定概括性、兜底式的适用条款。美国采取此模式。①

基于权利主体角度来观察，严格封闭式的权利限制模式显然更为有利，但从公共利益或者使用者的角度来看，半封闭式的权利限制模式则更为可取。从人工智能生成物"弱保护"原则出发，笔者认为，对人工智能生成物的邻接权进行限制，宜采取半封闭式模式。而且，与人类智慧作品的创作与使用/利用相比，人工智能"生成"生成物以及生成物的利用等问题，具有更多的不可预测性。采取半封闭模式可以为那些暂时无法预见，但确有进行权利限制必要的情形或者事由留下被适用的空间。

对于具体的权利限制事由，我们可以从两个维度来把握。从权利主体角度来看，其权利的限制体现于权利的享有限制、行使限制以及保护限制三个层面。从限制事由来看，邻接权的限制主要是指因法律性质、公共利益、在先权利、意思自治等形成的权利限制。

（一）基于邻接权法律性质而形成的限制

因邻接权法律性质而形成的限制，主要是指邻接权具有期限性与地域性特征，而使得权利主体只能在特定的时间内与地域范围内享有、行使其权利。

在传统著作权法理念中，著作财产权/经济权利保护具有期限性，而著作人身权/精神权利保护不具有期限性（也即精神权利可永久保护）。如前文所述，笔者倾向于将人工智能生成物的所有权能性质均设定为经济权利，而非精神权利。故人工智能生成物的邻接权保护，须面临保护期限

---

① 李扬.著作权法基本原理［M］.北京：知识产权出版社，2019：227.

届满而进入公有领域的问题。在广义上看，保护期限无疑是对邻接权的限制，但因保护期限届满，邻接权（即权利主体对人工智能生成物享有的所有经济权利）都将消灭。这实际上已经不是权利享有与行使的限制问题，而是"除权"问题。基于保护期限的特殊性，后文将另行讨论。

地域性是基于国内法的性质而产生的。换言之，人工智能生成物的法律保护是各国基于公共政策、文化传统等因素综合考量而形成的一种机制，那么，这样的法律机制的有效约束力只能限于本国。超出本国领域，除非各国签署国际协定或共同参加某些国际条约，相关法律机制不再具有被强制适用或者遵守的规范效力，否则，很容易被认为是侵犯他国主权的行为，易引发重大国际争端。

当然，随着国际协作努力的开展，与著作权有关的法律保护的地域属性逐渐被淡化。这一点在欧盟体现得最为明显。如果全球所有国家能够对人工智能生成物的法律保护达成国际性协定／条约，并实施统一的保护标准，那么，所谓人工智能生成物邻接权保护的地域性限制将不复存在。但是，这样的图景，可以期待，却难以实现。

（二）基于公共利益或产业平衡而形成的限制

著作权制度的发展历史表明，著作权是私人利益与公共利益，以及产业集团之间协调与平衡的法律技术工具。"公共利益这个概念意味着在分配和行使个人权利时绝不可以超越外部的界限，外部界限的意思是赋予个人权利以实质性的范围，这本身就是增进公共利益的一个基本条件。"[①] 在"私人权益与公共利益"这些符号性标志下，我们更容易

---

① 博登海默.法理学：法律哲学与法律方法［M］.邓正来，译.北京：中国政法大学出版社，2004：317.

看到著作权的扩展及其限制，甚至是反限制，这些都是产业集团的角力过程。

在当前法律技术构造下，基于公共利益或者产业平衡而形成的限制，主要事由有合理使用、法定许可、强制许可等。

1. 合理使用

顾名思义，合理使用即指社会公众对享有专有权利的作品（包括邻接权保护客体）的使用／利用具有合理性。根据各国著作权法的共识性规范，在合理使用下，使用者使用他人的作品（包括邻接权保护客体）不需要获得权利主体的同意或者授权，也无须向权利主体支付报酬，但限制性条件是使用者必须尊重权利主体的精神权利（如署名权、修改权等）。合理使用是著作权制度体系中必要的"自由呼吸空间"，彰显出文化创作的合作性与交互性，并证明作品的使用、复制、转移和共享可以通过实际加强，而不是减弱著作权体系目标的方式来实现。[①]

人工智能生成物的邻接权保护，也应遵循合理使用的制度规范。因本书主张人工智能生成物的邻接权权能均为经济权利，而没有所谓的精神权利，故所谓尊重权利主体的精神权利的规范要求，宜修改为"利用者／使用者须对人工智能生成物进行准确标志"。这既是为了尊重相关贡献者对生成物的贡献度，也是为了保障其他社会公众享有充分有效的知情权。

对于利用（如学习、欣赏、引用等）人工智能生成物的行为是否属于合理使用，其判断标准仍适用"三步检验法"，即使用是基于特殊情

[①] 在 Campbell v. Acuff-Rose Music, Inc.（1994）案件中，加拿大最高法院苏特（Souter）法官指出："合理使用原则确保版权结构中有呼吸的空间"，呼吸空间源于"需要在保护版权资料的同时允许他们借鉴资料"。参见 Campbell v. Acuff-Rose Music, Inc［G］United States Reports, 1994（510）: 569; 克雷格. 加拿大版权法中合理使用制度的变迁：为立法改革建言［A］//盖斯特. 为了公共利益：加拿大版权法的未来. 李静，译. 北京：知识产权出版社. 2008: 313.

况；该特殊情况的使用没有影响权利主体对生成物的使用，也没有不合理地损害权利主体的合法权益。[①]

所谓的特殊情况，即适用《著作权法》第24条规定的13种情形，包括个人学习、研究、欣赏；适当引用；新闻报道等。[②] 这里的"个人学习、研究、欣赏"宜从广义来理解，即所谓的"个人"，包括自然人，

---

① "三步检验法"是《伯尔尼公约》第9条所确定的判断规则，后在《与贸易有关的知识产权协定》中进一步推广应用。我国《著作权法实施条例》在2002年修正时，正式确立了"三步检验法"；但在法律层面上正式明确"三步检验法"的适用，则是2020年修正的《著作权法》。1991年《著作权法》第22条规定了广泛的"合理使用"事由，但并没有明确"三步检验法"。2001年、2010年《著作权法》修订均保留1991年的规范内容。2020年著作权法修订，则正式明确规定"三步检验法"。2020年之前的《著作权法》文本第22条规定："在下列情况下使用作品，可以不经著作权人许可，不向其支付报酬，但应当指明作者姓名、作品名称，并且不得侵犯著作权人依照本法享有的其他权利"。2020年修正的《著作权法》第24条规定："在下列情况下使用作品，可以不经著作权人许可，不向其支付报酬，但应当指明作者姓名或者名称、作品名称，并且不得影响该作品的正常使用，也不得不合理地损害著作权人的合法权益"。这一规定与《著作权法实施条例》第21条的内容相同。

② 《著作权法》（2020年修订）第24条规定："在下列情况下使用作品……（一）为个人学习、研究或者欣赏，使用他人已经发表的作品；（二）为介绍、评论某一作品或者说明某一问题，在作品中适当引用他人已经发表的作品；（三）为报道新闻，在报纸、期刊、广播电台、电视台等媒体中不可避免地再现或者引用已经发表的作品；（四）报纸、期刊、广播电台、电视台等媒体刊登或者播放其他报纸、期刊、广播电台、电视台等媒体已经发表的关于政治、经济、宗教问题的时事性文章，但著作权人声明不许刊登、播放的除外；（五）报纸、期刊、广播电台、电视台等媒体刊登或者播放在公众集会上发表的讲话，但作者声明不许刊登、播放的除外；（六）为学校课堂教学或者科学研究，翻译、改编、汇编、播放或者少量复制已经发表的作品，供教学或者科研人员使用，但不得出版发行；（七）国家机关为执行公务在合理范围内使用已经发表的作品；（八）图书馆、档案馆、纪念馆、博物馆、美术馆、文化馆等为陈列或者保存版本的需要，复制本馆收藏的作品；（九）免费表演已经发表的作品，该表演未向公众收取费用，也未向表演者支付报酬，且不以营利为目的；（十）对设置或者陈列在公共场所的艺术作品进行临摹、绘画、摄影、录像；（十一）将中国公民、法人或者非法人组织已经发表的以国家通用语言文字创作的作品翻译成少数民族语言文字作品在国内出版发行；（十二）以阅读障碍者能够感知的无障碍方式向其提供已经发表的作品；（十三）法律、行政法规规定的其他情形。前款规定适用于对与著作权有关的权利的限制。"

也包括其他人工智能对人工智能生成物的学习、研究与欣赏。将"个人"学习、研究与欣赏人工智能生成物的行为，作为合理使用的适用情形，是为了保障"个人"能够对精神文化生活进行全面的参与，并且能够通过这种类似于接受教育的方式来发展自己的"个人人格"。①但应当明确的是，这种学习、研究、欣赏仅限于小规模、小范围。对于小规模、小范围的判定，可以参照人类的学习、研究与欣赏的速度和数量。如果某个人工智能对其他人工智能生成物的学习、研究与欣赏的速度和数量超过人类正常的阅读速度和数量，即可推定不构成"合理使用"。如果是基于商业目的，人工智能大规模地对他人作品进行"学习、研究、欣赏"，则应属于侵权应处置的问题。②之所以将其他人工智能对生成物的学习、研究、欣赏纳入"合理使用"范畴，是基于扩大文化传播、促进人工智能技术发展，以及避免不必要的举证困难与讼累。

值得注意的是，本书不主张赋予权利主体对人工智能生成物享有表演权、翻译权、改编权，故所谓"课堂教学或科学研究、翻译、改编、汇编、播放""免费表演""汉语言文字翻译成少数民族语言文字""改为阅读障碍者能够感知的形式"这四种情形无须列入人工智能生成物的权利限制范围。但"课堂教学或科学研究的少量复制生成物"，则应列为合理使用的事由。此外，如前文所述，暂时性复制不属于复制权的控制范畴，也可视为一种"合理使用"。

① 雷炳德.著作权法［M］.张恩民，译，北京：法律出版社，2005：7.
② 人工智能大规模地学习人类智慧作品的问题，将在本书"人工智能与著作权侵权责任"章节讨论。

2. 法定许可 ①

顾名思义，法定许可是一种使用许可方式。该使用许可的特殊性在于：获得使用许可的事由是基于法定规定，而非当事人协商一致的结果。换言之，在法定许可的名义下，使用人实施某种受到"专有权"控制的行为，无须经过权利人的许可，由法律代替权利人向使用人"颁发"使用作品的许可（证）。

与合理使用相比，法定许可更像是一种能够实现"双赢"的法律机制，即对于使用者而言，无须获得权利人的许可而可以"相对自由地"使用他人的作品；对于权利人而言，可节约过多的谈判／协商烦扰（成本）而获得相应的报酬，尽管这种报酬或许不一定能够达到权利人期待的标准，但至少也实现了法律认可的"相对公平"的标准。而合理使用似更倾向于保障使用者的使用／利用利益。

各国对法定许可的适用范围规定不一。如《德国著作权法》第 46 条关于使用作品编撰用于宗教和学校教育的书籍规定、第 54 条关于录音设备与空白磁带征收使用费的规定、第 52 条 b 关于公共借阅权、第 27 条关于追续权的规定等都被认为可纳入法定许可的范畴。②《日本著作权法》第 30 条第二款关于私人目的而使用数字化机器的复制、第 33 条之二关于以营利为目的发行视觉障碍者等使用的放大教科书、第 34 条第二款关于教育节目播放作品、第 36 条第二款关于以营利为目的且作为考试之用

---

① 对于法定许可的立法目的，学界观点不一。有学者认为是基于公共利益，或市场公平，甚至是为了保护著作权人的利益。参见李明德，许超. 著作权法［M］. 2 版. 北京：法律出版社，2009：101. 有学者认为是协调产业主体之间的矛盾，而非促进传播或者增加公共福祉。参见熊琦. 著作权法定许可制度溯源与移植反思［J］. 法学，2015（5）：72-81.

② 李明德，许超. 著作权法［M］. 2 版. 北京：法律出版社，2009：102.

而复制或传播作品等都属于法定许可范畴。^①我国《著作权法》（2020）规定了四种法定许可情形（即编写教科书、报刊转载、录制录音制品、广播电台与电视台播放已经发表的作品），而《信息网络传播权保护条例》又另行规定了一种法定许可情形（即制作和提供课件）与"准法定许可"情形（向农村地区提供特定作品）。^②

对于人工智能生成物而言，上述法定许可宜得到适用。从人工智能生成的效率与数量来看，笔者认为，法定许可的使用范围宜进一步扩展，扩展至所有人工智能生成物邻接权保护范围，也即所有的人工智能生成物均可适用法定许可，或者说均受法定许可的限制。也即，任何人使用人工智能生成物，均无须获得权利主体的许可，但应当支付公平报酬，但该使用生成物的行为不属于人工智能生成物邻接权控制范围，以及根据法律规定（如法定许可）或者当事人意思自治等因素而无须支付报酬除外。

这样的安排，主要基于以下考量：

第一，从制度溯源上说，法定许可是一种产业利益平衡机制，是一种临时性制度安排/工具。^③对于人工智能生成物的法律保护（包括邻接权）存在争议的背景下，适用一种临时性制度工具是比较妥适的。

第二，以法定许可作为替代市场机制的立法安排，基本功能之一就

---

① 十二国著作权法 [M].《十二国著作权法》翻译组，译. 北京：清华大学出版社，2011：376-385.

② 我国2010年修正的《著作权法》规定了五种法定许可情形，但2020年修正时删除了"广播电台、电视台播放已经出版的录音制品"的法定许可。详见《著作权法》（2021年修订）第23条、第33条、第40条、第43条与第44条，《著作权法》（2020）第25条、第35条、第42条、第46条以及《信息网络传播权保护条例》第8条、第9条的规定。

③ 熊琦. 著作权法定许可制度溯源与移植反思 [J]. 法学，2015（5）：72-81.

是帮助人工智能生成物的使用者避免协商环节难以克服的交易成本，全面替代许可的协商环节，从而实现"双赢"。

第三，法定许可可以扩大人工智能生成物的利用，促进传播。这与著作权制度的终极目标相吻合。如前文所述，大多数国家都将促进知识的利用与传播，增进社会福祉作为其著作权制度的主要目标。基于这样的目标设定，美国学者 Malla Pollack、Dotan Oliar 等人甚至对著作权制度赋予权利人排他权质疑。如 Malla Pollack 认为：美国宪法中所谓的"促进科学与实用技术进步"条款是评价著作权 / 版权制度是否违宪的重要依据；美国在 1789 年制宪时，使用了 process 这个字，按照当时大人们的用字习惯，更接近于 dissemination（散播）。所以，在这样的意义上，Malla Pollack 主张设计智慧财产权制度（包括著作权、专利、商标等议题）时，不应该允许权利人行使排他权而阻滞他人散播相关知识。[①]

第四，法定许可适用效果与人工智能生成物的法律保护效果具有高度的契合性。从权利保护的直接效果来看，人工智能生成物的法律保护主要应当是停止侵害（如禁止复制、发行或信息传播）、赔礼道歉、消除影响（如删除标志，避免误导公众），以及赔偿损失。在鼓励人工智能生成物传播的立法取向下，停止侵害的责任形式不宜被广泛使用，而应主要适用赔礼道歉与赔偿损失。消除影响、赔礼道歉这一责任形态，在责任承担主体是人工智能的情况下，实际上并不具有可取性。因为人工智能难以有所谓的"羞耻感"或者"可非难性"问题，而人类也难以接受

① Malla Pollack. The Democratic Public Domain: Reconnecting the Modern First Amendment and the Original Process Clause（A.K.A. Copyright and Patent Clause）[J]. JURIMETRICS, 2004（45）: 23-45；杨智杰. 美国著作权法：理论与重要判决 [M]. 台北：元照出版公司，2018：7.

所谓人工智能"赔礼道歉与消除影响"。消除影响最直接的效果不再体现为行为的"非难性",而是"秩序的纠正"或者"社会评价的修复"。严格来说,法院裁判赔偿损失,已经在一定程度上体现为"市场秩序或者社会评价的修复"。而且,赔偿损失的直接后果又与人工智能生成物的"专有垄断性"或者竞争优势的获得性的最终目标相吻合。所以,赔偿损失应该是最具有实质意义的。而在法定许可适用下,权利主体也能够获得相应的报酬。

第五,有利于减少侵权诉讼案件,在一定程度上节约诉讼成本。即便是有诉讼案件,法官审查的内容将较大程度减少,如在人工智能生成物已经公开,且在使用者对人工智能生成物进行准确标志的情况下,法官只要审查付费标准即可。

对人工智能生成物全面适用法定许可,可能颇受诟病的是,以武断的"法律安排"取代自由协商,剥夺或者破坏了权利主体通过自由协商而获得最大利益的机会。在使用者不自觉付费的情况下,权利主体可能面临一无所获的窘境。在使用者"破产"或者"零负资产或者负债"而导致法院强制执行不能的情况下更是如此。诚然,对人工智能生成物全面适用法定许可,确实可能产生如上问题,但是,需要注意的是,数字化时代,法定许可可以免除寻找权利主体的成本、谈判成本等(在人工智能被确认为法律主体的情境下,这样的成本或将更大),能够促进利用与传播,在满足人们迅捷利用的需求的同时,可以增加法定许可的适用次数,直接增加报酬。"许可设计的定价机制目标主要在于防止特定产业主体基于市场垄断地位不当提高版税标准,因此选择将作品使用的价格改由法律或特定机关设定,而无须基于不断变动的市场供求关系。"① 这样的定价机制对于使用者而言，无疑是具有吸引力的。此外，人工智能生成物的传播扩大也可进一步增加该人工智能的知名度与影响力，增加后续获得优质报酬的可能性或者高机会。值得注意的是，全面适用法定许可，不会剥夺自由协商的机会。例如，某一人工智能生成物的使用者可基于生成物的潜在市场价值等因素而自愿以高标准来支付报酬，那么，其可以选择与权利主体进行协商谈判，并获得更为多样化的生成物利用模式或方式，如负载更多的广告、在更大领域进行传播（如国际性传播）等。

还有一个可能的批评是：法定许可将导致所谓的"绝对权"变成"债权性质的金钱请求权"，这是令人难以接受的，甚至还不如直接确认人工智能生成物的法律保护机理为债权。这样的批评似有一定的道理，但是，却有意忽视了权利保护的法理逻辑，即"债权性质的请求权"是在建立"绝对权"的基础上而形成的；没有"绝对权"的确认，便没有所谓的"金钱请求权"。换言之，建立人工智能生成物的绝对权（"邻接权"）保护是前提，而适用法定许可只是这种绝对权（邻接权）保护的一种平衡性工具。

当然，在适用法定许可时，宜设定一定的条件，即人工智能生成物必须处于公开状态。如果处于未公开状态，则不适用法定许可。因为尚未公开的生成物，可属于权利主体的"商业秘密"；人工智能生成物的公开时间、地点与形式，直接关涉权利主体的"先发优势"，于权利主体而言具有根本性意义。如果允许未经公开的人工智能生成物适用法定许可，则可能会鼓励这样的投机行为发生，即通过技术手段"窃取"人工智能生成物，并标志为人类智慧作品，形成对社会公众的"欺诈"。

---

① 熊琦.著作权法定许可制度溯源与移植反思［J］.法学，2015（5）：72-81.

　　为了保障人工智能生成物全面适用法定许可的机制安排能够有效落实，我们还必须设定法定许可的付费集体管理与延伸机制。也即，使用者主张适用法定许可而使用人工智能生成物，应依照公平的标准向集体管理组织，或者向权利主体支付费用。所谓集体管理的延伸机制，是指不论集体管理组织是否得到权利主体的授权，均有权收取相应的费用；集体管理组织在没有获得权利主体明确授权的情况下，也可以基于权利主体对人工智能生成物享有的权利被侵害而提起诉讼，并主张损害赔偿等法律责任。[①] 这也就是说，不论集体管理组织是否获得了权利主体的授权，对于使用者而言，其付费对象可以是集体管理主体，或者权利主体，二者选择其一。使用者如果是向集体管理组织进行付费，则在付费后可以通过声明或者标识的方式进行告知或者提示。如某人基于商业目的而演唱了人工智能生成的"音乐"，并向集体管理组织支付了相关费用，则使用者可以在演唱会适当的宣传海报等材料中进行注明。付费完成状态的标识与告知，属于使用者的"不真正义务"。该标识的优点是可以为使用者减少不必要的讼累。如果没有进行相应的标识，而引致权利主体的诉讼，则使用者可以已经付费进行抗辩，并以此免责，但应当分担权利主体因诉讼而支出的合理开支（如律师费等进行合理的分担）。如此制度设计，可能导致一种结果，即使用者会优先选择向权利主体支付费用，而非集体管理主体。这恰是符合权利主体利益最大化的。对于权利主体而言，使用者直接付费，意味着其无须与集体管理组织进行费用分享。

---

① 我国现行的集体管理采取"选择—进入"机制，由权利人与集体管理组织达成代理协议，集体管理组织仅可以就会员作品进行管理。而延伸机制则可以扩展到集体组织会员的作品进行集体管理。参见胡开忠. 论著作权延伸集体管理的适用范围 [J]. 华东政法大学学报, 2015（2）: 6-12.

当然，如果使用者无法寻得权利主体，那么，向集体管理组织进行付费，并进行付费状态标识，无疑是最优选择。

关于付费标准的确定，至少有三种方案可供选择。第一种方案是由行政机关根据参考各种因素确定基本的付费标准或者费率，并以规范性文件的方式向社会公开。第二种方案是由集体管理组织代表权利主体，与相关产业的自治组织（如产业协会）在进行谈判的基础上确定付费标准，并在行政主管部门备案后向社会公开。第三种方案是由我国最高司法机关在积累司法裁判经验以及综合各方（如集体管理组织、产业自治组织）意见的基础上确定付费标准，并以法院指导意见的方式向社会公开。

从我国《著作权法》第8条的规定来看，立法者似乎倾向于第二种方案。[①] 笔者认为，这一方案不是最优选择。这是因为使用者代表难以确定；即便确定了所谓的使用者代表，其适格性也容易受到质疑；且达成一致意见的难度也颇大。第一种方案也颇受学者重视。该方案显然具有其优点，如具有较高的权威性与公平性；适用效力具有保障等。该方案的弊端在于：有剥夺利益关涉者采取司法终局救济机会的嫌疑。第三种方案的优点在于：没有剥夺利益关涉者的司法救济机会；综合了司法裁判经验，代表着特定时期司法机关的倾向性态度；具有较好的权威性与公平性；既然是指导性意见，意味着可适时调整，也意味着相关主体之间可以进行协商，并确定其他的付费标准。比较而言，笔者建议采用第三种方案。

---

① 我国《著作权法》第8条规定："……使用费的收取标准由著作权集体管理组织和使用者代表协商确定，协商不成的，可以向国家著作权主管部门申请裁决，对裁决不服的，可以向人民法院提起诉讼；当事人也可以直接向人民法院提起诉讼。……国家著作权主管部门应当依法对著作权集体管理组织进行监督、管理。"

如果仅就生成物角度来考虑付费标准，笔者认为，宜参考生成物的类型以及生成成本而有所区别，而不考虑生成物的独创性、潜在市场价值、使用者获利的状况等因素。之所以不予考虑这些因素，是因为这些因素在确定付费标准时难以预测与判断。生成物的类型参照《著作权法》规定的作品类型，可设为四类，即语文类生成物（如文字作品、口述作品）、艺术类生成物（如音乐、舞蹈、戏剧、美术等）、视听类生成物（如电影）、应用类生成物（如工程设计图、计算机软件、建筑作品、模型作品等）。付费标准可以分成四个层级，即语文类生成物与艺术类生成物的标准相同或者类似，而视听类生成物高于前两者，应用类生成物又高于前三者。如此考虑的原因是：语文类与艺术类均为满足精神需求性质，其生成难度相对较小，对人工智能的技术要求相对较低；而且，艺术类生成物也常常体现为语言或文字形式。视听类生成物要高于前两者，是因为生成难度相对较大，且被使用的可能范围更大，受到影响的可能性也更大。例如，文盲读者难以阅读文字类生成物，但是不妨碍其学习、欣赏视听类生成物。应用类生成物付费标准最高，是因为这类生成物实际应用价值大，能够比较直接地带来经济利益，且其生成难度大。

生成成本主要是指人工智能在生成某一特定的内容时，是否需要支付相关的费用，如人工智能生成物使用了他人享有著作权的作品，并因此支付相应的许可费，则意味着该生成物的成本高于那些没有相应成本的生成物。如有此情形，则权利主体必须在生成物公开时给予说明与提示，也即在人工智能生成物公开时负载权利管理信息（含权利主体、生成成本等内容）。

如果各方就付费标准发生争议，则可以借鉴美国的"使用费法官"

机制，由"使用费法官"根据速裁程序做出裁决。①

如果全面适用法定许可，是否意味着不存在任何侵权的可能性？这是错误的。比如，恶意删除人工智能生成物标志混淆公众的，即可认定为侵权。

3. 强制许可

在强制许可下，使用者在满足特定条件下，可以通过履行申请、通知、备案、交存或者其他程序而获得对已经发表且享有著作权的作品进行非专有性使用。与法定许可相比，强制许可的使用人须向行政主管机关申请许可，由主管机关颁发许可证后方可使用他人作品。《伯尔尼公约》与《世界版权公约》的现行文本都规定了强制许可制度。②我国《著作权法》没有明确规定强制许可。③因我国已加入上述两个著作权公约，故强制许可在我国具有适用的法理依据。

若如本书所主张，所有人工智能生成物均可以适用法定许可，则意味着人工智能生成物的使用无适用强制许可的空间。这也与我国《著作权法》没有明确的强制许可的立法态度保持着某种"微妙"的一致性。若我国立法对人工智能生成物采取有限适用法定许可的态度，则人工智能生成物宜受强制许可制度的限制。

4. 权利穷竭

如前文所述，人工智能生成物的权利主体享有发行权。但发行权只

① 有学者认为，我国目前还不具备如美国实践中设立专门"著作权使用费法官"的现实条件和经验，故对数字音乐适用法定许可的付费标准上，应允许集体管理组织或权利人和作品使用人在适用法定许可时自行约定支付报酬的方式和数额。笔者认为，自由协商确定报酬标准的方案不可行。因为没有人具有作为所有使用者进行谈判的适格性；即便有，也很难达成一致意见。
② 《伯尔尼公约》在其附件中规定强制许可。《世界版权公约》则规定在第5条之2、之3、之4。参见古祖雪. 国际知识产权法［M］.北京：法律出版社，2002：205-210.
③ 2020年修正的《著作权法》亦无相关规定。

能针对首次"发行",也即当人工智能生成物的原件或者复制件经合法制作,并投放市场后,权利主体将因此而丧失对这些原件或者复制件再次销售的控制。权利穷竭的主要目的在于保障正常的市场流通秩序,防止权利主体就人工智能生成物形成不合理的垄断。

尽管人工智能生成物发行权穷竭,但是,使用者仍应尊重权利主体的其他合法权益,如不得删除人工智能生成物的标志等。

5. 行政审查而形成的限制

对作品内容实施行政审查是我国著作权领域的制度特色,也是制度优势。我国《著作权法》第 4 条对此有明确规定,即"著作权人和与著作权有关的权利人行使权利,不得违反宪法和法律,不得损害公共利益。国家对作品的出版、传播依法进行监督管理。"再如,《电影产业促进法》要求摄制完成的作品必须送行政主管部门审查。① 实施行政审查的目的,既是为了规范著作权人的权利行使,也是为了弘扬正确的价值观,避免作品的传播损害国家与社会公共利益。②

经过行政审查,若该作品存在违反宪法与法律或者损害公共利益等

---

① 《电影产业促进法》第 17 条规定:"法人、其他组织应当将其摄制完成的电影送国务院电影主管部门或者省、自治区、直辖市人民政府电影主管部门审查。"

② 不同类型的作品,行政审查范围有所不同。例如,《电影产业促进法》第 16 条规定:"电影不得含有下列内容:

(一)违反宪法确定的基本原则,煽动抗拒或者破坏宪法、法律、行政法规实施;(二)危害国家统一、主权和领土完整,泄露国家秘密,危害国家安全,损害国家尊严、荣誉和利益,宣扬恐怖主义、极端主义;(三)诋毁民族优秀文化传统,煽动民族仇恨、民族歧视,侵害民族风俗习惯,歪曲民族历史或者民族历史人物,伤害民族感情,破坏民族团结;(四)煽动破坏国家宗教政策,宣扬邪教、迷信;(五)危害社会公德,扰乱社会秩序,破坏社会稳定,宣扬淫秽、赌博、吸毒,渲染暴力、恐怖,教唆犯罪或者传授犯罪方法;(六)侵害未成年人合法权益或者损害未成年人身心健康;(七)侮辱、诽谤他人或者散布他人隐私,侵害他人合法权益;(八)法律、行政法规禁止的其他内容。"

内容，则该作品的权利主体不得出版或者传播该作品。这也就是说，权利主体对该作品享有著作权，但该著作权不得行使。

对于人工智能生成物而言，同样可能出现违反宪法与法律或者损害社会公共利益的情形，如该生成物含有淫秽、暴力等内容，则该生成物的权利主体不得就该生成物行使权利。

（三）基于在先权利而形成的限制

基于在先权利而形成的限制，主要因为人工智能生成物是建立在他人在先权利的基础上，故其权利的行使必须尊重他人的在先权利。例如，人工智能生成物涉及他人的隐私，则生成物不得随意公开、发行与传播。再如，人工智能生成物是基于人类智慧作品的演绎（如改编、翻译等）而形成，则人工智能生成物的权利主体行使其权利需要获得人类智慧作品的权利主体的授权与许可；未经授权与许可，其权利的享有处于瑕疵状态；其权利的行使，如公之于众，或者复制发行等，将构成侵权，并须因此承担相应的法律后果。[①] 在先权利之所以会构成对人工智能生成物权利主体行使权利的限制，是源于这样的立法理念，即任何合法的权利均为法律所确认与保护，应具有平等性；除非基于公共利益等法律上之正当事由，否则在后权利应当尊重在先的合法权利。这也契合人类以出生的先后来确定"长幼"的朴素伦常观念。

对于在先权利的范畴，有学者认为应当限于法定权利，也有学者认为应当从广义来理解，既包括法定权利，亦包括法律所保护的其他权

[①] 严格而言，人工智能生成物可能是基于其他人工智能生成物的演绎而成。若根据本书主张的观点，人工智能生成物的权利主体不享有演绎权（如改编、翻译等权利），则不会出现人工智能生成物是受到在先的人工智能生成物邻接权（或其他权利）约束的情况。

益。[1] 参照《民法典》第 1164 条等规定，后者观点更为可取。[2] 从权利形态上，在先权利主要有著作权、隐私权、肖像权、商标权、商业秘密权益、姓名权等。

值得讨论的问题是，在未获得授权的情况下，在先权利是构成人工智能生成物权利享有或者行使的限制，还是否认了人工智能生成物的邻接权？有学者主张，这种情形应当认为人工智能生成物不得享有合法权利（邻接权），这与违章搭建的房子不应享有合法的所有权是一样的道理。笔者倾向于是对权利享有的瑕疵或者行使的限制。在立法政策上，应当允许人工智能生成物的权利主体通过补救措施来修复这种权利享有的瑕疵状态或者去除这种权利行使的限制。例如，人工智能生成物涉他人在先的肖像权，则权利主体可以通过协商而获得肖像权人的授权。

（四）基于意思自治而形成的限制

基于意思自治而形成的限制，是指权利主体或者利益关涉者基于自由意志而对邻接权形成的限制。这种意思自治之所以会成为权利的限制，源于这样的信念：邻接权是一种私权利，其权利的享有、行使与保护价值由权利主体自主把握。

基于意思自治而形成的限制，主要有两种事由，即弃权、合约。

弃权是指权利主体放弃其享有的全部或部分邻接权。在这种情况下，使用者可以在权利主体放弃的范围内免费自由使用。当然，这种放弃的

---

① 芮松艳.在先权利保护的法律适用［J］.中华商标，2008（7）：53-56.

② 《民法典》第 1164 条规定："本编调整因侵害民事权益产生的民事关系。"第 1165 条规定："行为人因过错侵害他人民事权益造成损害的，应当承担侵权责任。"这两条关于保护对象的表述界定为"民事权益"，而非"民事权利"。这意味着是从广义来理解民事权益的保护。这也与我国司法机关在司法实践中所表达出来的态度是一致的。

意愿应当以明示的方式表示出来。值得讨论的是，默示能否构成弃权之意思表示？如某人以营利为目的使用人工智能生成物，但权利主体明知有这一使用行为而不主张相关权利，这能否构成"默示"弃权？默示，是以社会的非习用方法为表达，他人根据具体情况才可推知表达外观意思的情形，包括行动和沉默。① 根据我国《民法典》第140条等相关规定，沉默只有在有法律规定、当事人约定或者符合当事人之间的交易习惯时，才可以视为意思表示。这也就是说，默示的法律效果仅限于特定情形，但并不具有普遍适用的意义。否则，极易损害有关当事人的利益。因此，在人工智能生成物邻接权保护的限制上，默示原则上不构成弃权之意思表示。前述示例，则可以在期限经过后适用诉讼时效机制。

合约是指权利主体与利益关涉者就人工智能生成物的生成、利用及权益分配等方面达成的协议，进而对权利主体的权利行使构成限制。例如，某人以"委托协议"的方式委托人工智能生成特定的生成物，并在协议中约定该生成物在特定时间内不得对外公开。此种约定即构成对"公开权"的限制。

四、人工智能生成物保护期限

（一）保护期限的"多选"方案

如前文所述，在广义上，设定人工智能生成物的保护期限，也是对权利的一种限制。从权利存续状态来看，因本书主张相关权利均为财产性权利或者经济权利，故保护期限届满，意味着所有权能均消灭。故保护期限与狭义之权利限制仍有区别。

---

① 龙卫球.民法总论［M］.2版.北京：中国法制出版社，2002：451-452.

在人工智能生成物的邻接权保护期限上，有学者建议应当根据生成物的类型等因素给予 3 ～ 10 年或者 5 ～ 10 年的保护期。[①] 笔者认为，不固定的保护期是不可取的，这有违平等保护的基本原则。从立法例考察，对人工智能生成物的保护期设定，至少有六种方案可供选择。

第一种方案是将人工智能生成物的保护期限设定为 3 年或者 5 年。这主要可以借鉴的立法例是韩国与意大利的著作权保护法。《韩国著作权法》对出版权设定的期限为首次出版之日起 3 年（若合同有特别约定，依约定）;对数据库保护期为数据库制作完成次年开始的 5 年。[②]《意大利著作权法》第 86 条关于舞台布景设计的权利保护期为首次使用该设计之日起 5 年。[③] 我国有学者建议将人工智能生成物的法权化模式设定为数据处理者权。[④] 这样的观点，与《韩国著作权法》关于数据库保护期限的规定"不谋而合"。

第二种方案是将人工智能生成物的保护期限设定为 10 年。这一方案主要是参考我国《著作权法》规定的"版式设计权"保护期限。《著作权法》（2020）第 37 条规定："出版者有权许可或者禁止他人使用其出版的图书、期刊的版式设计。前款规定的权利的保护期为 10 年，截止于使用该版式设计的图书、期刊首次出版后第 10 年的 12 月 31 日。"

第三种方案是人工智能生成物的保护期为 15 年。这是因为人工智能

---

① 刘强.人工智能知识产权法律问题研究［M］.北京：法律出版社，2020：182；魏启琳.人工智能生成物邻接权保护研究［D］.成都：四川师范大学，2019：28.

② 详见《韩国著作权法》第 60 条与第 95 条的规定。十二国著作权法［M］.《十二国著作权法》翻译组，译.北京：清华大学出版社，2011：523-529.

③ 十二国著作权法［M］.《十二国著作权法》翻译组，译.北京：清华大学出版社，2011：309.

④ 陶乾.论著作权法对人工智能生成成果的保护：作为邻接权的数据处理者权之证立［J］.法学，2018（4）：3-15.

生成物与数据库生成与运用存在一定程度的相似性；15 年的保护期足以保证投资者将人工智能生成物进行商业利用，并获得充分的利益回报。在立法例上，以欧盟数据库保护期 15 年为参考。①

第四种方案是将人工智能生成物的保护期限设定为 20 年。可以参照的立法例是《意大利著作权法》关于非营利私法团体作品以及（不构成作品的）照片的保护期限的规定。根据《意大利著作权法》第 29 条规定，对排他性权利属于国家、省、城市、学术团体的等作品，不论发表形式，其保护期均为首次发表之日起 20 年。第 92 条规定照片的保护期为摄制完成之日起 20 年。② 有学者指出，从商业周期来看，给予邻接权 20 年保护期是合适的；如果邻接权保护期可以续展，则最初的保护期应缩短为 15 年。③ 此外，这一方案也与我国《民法典》（包括实施数十年的《中华人民共和国民法通则》）（以下简称《民法通则》）规定的最长诉讼时效相切合。

第五种方案是将人工智能生成物的保护期限设定为 25 年。这一方案可以参照的立法例有法国、西班牙与埃及的知识产权保护法。《法国知识产权法典》对假名、匿名或者集体作品在 70 年保护期届满之后披露的，其保护期为 25 年（自出版次年起 1 月 1 日起算）。④《西班牙知识产权法》对于不能作为摄影作品而受到狭义著作权保护的普通照片的保护期设定

① 许明月，谭玲.论人工智能创作物的邻接权保护：理论证成与制度安排［J］.比较法研究，2018（6）：42-54.

② 十二国著作权法［M］.《十二国著作权法》翻译组，译.北京：清华大学出版社.2011：287，310.

③ 拉梅蒂.关于版权保护期限［A］//盖斯特.为了公共利益：加拿大版权法的未来.李静，译.北京：知识产权出版社，2008：367.

④ 详见《法国知识产权法典》第 L.123-3 条、L.123-4 条的规定.十二国著作权法［M］.《十二国著作权法》翻译组，译.北京：清华大学出版社，2011：75.

为 25 年。① 《埃及知识产权保护法》第 163 条规定:实用艺术作品的财产权保护期为 25 年，自首次发表之日或者首次向公众提供之日起算。② 我国在《著作权法》修订过程中，修订草案对于实用艺术作品的保护期也倾向于设定为 25 年。③

第六种方案就是规定人工智能生成物的保护期为 50 年。这主要是参考表演者权以及法人作品之著作权的保护期。《德国著作权法》第 72 条规定，若照片不能满足作品的保护要件，则可以享有邻接权保护，摄影者得享有 50 年的专有权利。④

（二）10 年保护期的肯认

从上述方案的立法例来看，25 年的设定是比较多的。这或许与《伯尔尼公约》关于摄影作品应不低于最低 25 年保护的规定有关。⑤ 比较而言，笔者认为，10 年的保护期方案是比较妥适的。这一方案很重要的考量思路就是:人工智能生成物之法权化要区分于人类智慧生成物的法律保护，同时实行弱保护原则。3 年与 5 年的保护期设定过短。我国《民法典》规定的诉讼时效为 3 年。若将人工智能生成物的保护期设定为 3 年，则容易与诉讼时效的适用形成矛盾。5 年的保护期，对于人工智能

---

① 王迁. 知识产权法教程 [M]. 5 版. 北京: 中国人民大学出版社，2016: 213.

② 十二国著作权法 [M].《十二国著作权法》翻译组，译. 北京: 清华大学出版社，2011: 41.

③ 如 2012 年 10 月《中华人民共和国著作权法（修改草案第三稿）》第 28 条规定:"实用艺术作品，其发表权的保护期为 25 年，但作品自创作完成后 25 年内未发表的，本法不再保护；其著作权中的财产权的保护期为首次发表后 25 年，但作品自创作完成后 25 年内未发表的，本法不再保护。" 2012 年 12 月《著作权法》（修订草案送审稿）以及 2014 年 6 月《著作权法》（征求意见稿）均有类似的规定。但是，2020 年 11 月审议通过的《著作权法修正案》并没有针对实用艺术作品的保护期做单独规定。

④ 王迁. 知识产权法教程 [M]. 5 版. 北京: 中国人民大学出版社，2016: 212.

⑤ 详见《伯尔尼公约》第 7 条第 4 款规定。

及其生成物的投资者而言，不利于其收回投资。15 年保护期的立法例显然太少，而且，与我国民众在年份上的整数偏好不太吻合。例如，人们通常会在 10 年、20 年这样的时间节点上举行较大型的庆祝活动等。20年、25 年或者 50 年的保护期设定，或多或少都包含有人类智慧激励的意义。至于起算点，宜以人工智能生成物的首次公开之日起算；但自生成（创作）完成之日起 10 年内未公开的，则不再予以保护。当然，设定 10 年的保护期，或许也能够契合人工智能生成物"较短的商业价值周期、控制人工智能生成内容的数量，降低管理成本的需要"。[①]

五、人工智能生成物的权属规则

权益的归属规则，是利益关涉者最为关注的法律命题之一。这既是权利行使的逻辑前提，也是相关规则是否具有合理性与合法性，能否被利益关涉者所"自觉"遵循的内生根据。人工智能生成物的权属规则，亦是如此。鉴于本书主张人工智能得以登记而成为法律主体，人工智能生成物的权属规则需要区分人工智能是否为法律主体而分别设定。即人工智能作为法律主体时，其生成物的权利归属规则，与人工智能非为法律主体（即为客体）时，其生成物的权利归属规则应有所不同。

（一）人工智能作为法律主体的权属规则[②]

不论是基于文化传统，抑或是基于制度信仰，甚至是基于国际协调

① 许辉猛.人工智能生成内容保护模式选择研究：兼论我国人工智能生成内容的邻接权保护［J］.西南民族大学学报（人文社会科学版），2019，40（3）：100-106.
② 有学者主张"虚拟法律主体说"来确认人工智能生成物的权利归属，即主张应将人工智能视为作者。详见朱梦云.人工智能生成物的著作权归属制度设计［J］.山东大学学报（哲学社会科学版），2019（1）：118-126.这一主张的实质效果与将人工智能拟制为法律主体的效果是一致的。

与产业政策平衡，肇始于18世纪工业革命前夕的英美法系版权体系和大陆法系作者权体系，均突出强调"作品著作权属于作者"这一基本原则。如前文所述，这一原则的确立，饱含哲思，可视为财产权劳动学说、人格理论以及激励理论的直接反映。将作品著作权的原始权属赋予作者，也符合人们朴素的信仰，即作者的创作才是作品产生的最直接根据，没有作者便没有作品，也就无所谓著作权。

然而，从制度绩效层面来看，文化繁荣、福祉增进，不是只有作者的创作贡献，还有作品创作的组织者、投资者、传播者等的重要贡献。特别是随着科技的发展，投资者、组织者等利益关涉者的重要程度与日俱增。诚如学者所言："如无投资者的加入，作品的创作与传播环节将被割裂，创作者供给的作品由于信息成本过高无法契合市场需求，而市场需求也因信息成本问题无法传达给创作者，导致市场所需的作品无人供给。"① 因此，各国著作权法就投资者、组织者等利益关涉者的贡献、诉求及其权益积极给予回应与协调保障，并设定若干权利特殊归属规则，作为"作品著作权归属于作者"这一原则的补充与例外。这些特殊的归属规则主要有法人作品制、职务作品制、委托作品制等。我国亦如此，其确立的作品著作权归属模式是："以著作权属于作者为原则，以特殊规定为补充，以合同约定为例外"。②

在人工智能被确认为法律主体的情况下，笔者认为，我国《著作权法》确立的上述权益归属规则应予以适用。也即，人工智能生成物的邻接权原始归属于人工智能。但是，在特殊归属规则方面，则需要适当修正。

① 熊琦.著作权法中投资者视为作者的制度安排［J］.法学，2010（9）：79-89.
② 曹新明.我国著作权归属模式的立法完善［J］.法学，2011（6）：81-89.

在人工智能为法律主体的情况下，因人工智能可以为"雇主"，也可以是"雇员"，故人工智能生成物的权属要区分不同的情况。①

第一种情形是人工智能为"雇主"，且该生成物是"雇主"智能生成，则不论该生成物是基于谁的控制而成，则该生成物的邻接权应当归属于人工智能（即雇主）。这也符合"生成物邻接权原始归属于生成者"的逻辑。如果人工智能的法律主体资格被消灭（如破产、解散/"死亡"等），则依照法律规定的清算规则来确认人工智能生成物邻接权的最终归属，如被拍卖，则由竞买人所得；如被抵债，则由债权人所得。但这已经不属于权利的原始归属问题，而是继受取得问题。

第二种情形是人工智能雇用其他人工智能（即雇员），并由雇员智能生成。若依照《著作权法》关于"法人成果""职务成果"权利归属的差异性，则需要分别考察"雇员"生成的内容是否符合"法人作品"的要件，抑或"职务作品"的要件，并确定生成物的权利归属。这也就是说：（1）如果"雇员"智能生成的内容是基于雇主意志，且由雇主承担责任，则应当视为"法人成果"，其邻接权归属于"雇主"（人工智能）。（2）如果"雇员"生成的内容是基于职务而产生的行为，与其工作职责相关，则可认定为"职务成果"。同时，我国《著作权法》还区分"普通职务成果"与"特殊职务成果"，并设定了不同的权利归属规则。（3）作为雇员的人工智能生成的内容，不符合"法人成果"或者"职务成果"要件，则该生成物的邻接权归属于作为雇员的人工智能。这也就意味着，人工智能为雇员时，其生成物的权利归属规则相当复杂。对人类智慧创作的著作权归

---

① 这种雇用关系，必须是符合《中华人民共和国劳动合同法》规定的劳动关系，而不能是劳务关系。如果仅仅是劳务关系，则可视为是一种"委托"，依照合同约定来确定人工智能生成物的权利归属。

属，依特殊情况而确定相对较为复杂的规则，是对不同角色贡献的尊重，具有其合理性与正当性。但是，在人工智能领域，应无此必要。故我们可以对此进行机制改造，将符合"法人成果"与"职务成果"的生成物权利归属规则进行优化。主要优化思路就是：不再区分生成物是"法人成果"抑或"普通职务成果"或"特殊职务成果"，凡是基于雇用关系下生成的内容，标记权属于雇员，其他权益均归属于雇主。之所以保留雇员对生成物享有标记权，也是为了让社会公众能够准确识别生成物的来源。为了更好地确定权利的行使主体与责任主体，雇主须在生成物上准确标识其雇主身份。①

第三种情形是人工智能作为雇主，雇用人类为员工，则雇员创作的作品属于人类智慧创作，其权利的归属仍适用著作权法关于法人作品、职务作品归属的规定。

第四种情形是人类（包括个人与人的集合，如法人）为雇主，人工智能为雇员。则人工智能生成物的内容，宜按照前述第二种情形下改造优化思路，除了标记权外，其他权利全部归属于人类。

在委托关系下，人工智能生成物的权利归属，宜参考上述思路进行改造。即生成物的权利归属依照委托合同的约定，而不论是人类委托人工智能生成内容，还是人工智能委托其他人工智能生成内容，在生成物上必须标注委托人与受托人的身份及其权属。

如果是人工智能与人工智能进行合作而生成的内容，则其权利的归

① 其实，还有一种比较武断的思路，就是禁止人工智能成为法律主体，或者在人工智能为法律主体的情况下禁止人工智能与其他人工智能或人类建立所谓的"劳动关系"。笔者认为，这样的思路虽然简单粗暴，却有益处。人类的法律智慧应当做更多的想象与尝试，尽管这种想象与尝试可能最终被证明是徒劳的。

属由双方约定；若没有约定，则由双方共享，但必须准确标识双方的合
作关系。

（二）人工智能作为法律客体的权属规则

如果人工智能没有被登记为法律主体，则其生成的内容，其权利应
如何归属呢？围绕人工智能生成物的利益关涉者进行考察，似是学界的
共识。大致而言，利益关涉者主要有人工智能设计者、制造者、销售者、
所有者、使用者。在这些利益关涉者中，有些人的身份是同一或者混同
的，例如，设计者可以同时是制造者、销售者；所有者也可以同时是制
造者与使用者。围绕这些利益关涉者，我们对人工智能生成物邻接权的
归属规则，至少有以下九种方案。

第一种方案是将人工智能纳入公有领域，也即属于全人类公有或者
共有。主张该种方案的观点可以称之为"公有领域说"。①

第二种方案是将人工智能生成物的权利归属于人工智能的设计者。
主张这种方案的观点可以被称为"设计者说"。如此主张的理由主要有：
（1）参照英国 1988 年《版权、设计和专利法》第 9 条（3）的规定，"由
计算机生成的文学、戏剧等作品"，其作者应当是对作品创作做出必要安
排的人，而做出必要安排的人就是人工智能的（程序）设计者。②（2）设
计者为人工智能的诞生付出了基础的创造性贡献。换言之，人工智能生
成具有价值的生成物，最实质的贡献在于人工智能相关程序或者算法的

① 朱梦云.人工智能生成物的著作权归属制度设计［J］.山东大学学报（哲学社会科学版），
2019（1）：118-126.

② Guadamuz A. Artificial intelligence and copyright［J/OL］.WIPO Magazine. 2017（5）：14-19.
［2020-06-29］. https://www.wipo.int/wipo_magazine/en/2017/05/article_0003.html；于雯雯.人工
智能生成内容在著作权法上的权益归属［J］.人工智能，2020（4）：93-100.

设计者。（3）与人工智能的使用者相比，设计者的投入与付出具有更加显著的创造性，因此将权属赋予设计者具有充分的合理性。（4）赋予设计者对人工智能生成物享有权利，能够有效激励其付出更多的努力与创造。① （5）人工智能创作物可视为人工智能内置软件的演绎作品，因此，应归属于软件程序的设计者。②

第三种方案是将人工智能生成物的权利归属于人工智能的使用者。该方案可以称为"使用者说"。主张采用这一方案的主要理由有：（1）人工智能的设计者（研发者）、制造者已经通过人工智能的销售（包含人工智能内嵌的程序软件）对其设计投入获得了回报，若再由其享有人工智能生成物的权益，则意味着其取得双重权利，这将导致利益分配的失衡，以及权利的垄断与滥用。（2）绝大多数情形下，所有者与使用者是同一的，也即使用者多为所有者，而所有者更多的是基于使用而购买。（3）使用者通过付费而使用人工智能，并基于自身需要对人工智能进行数据训练与筛选，并生成符合其需要的内容。所以，人工智能比其他主体更具有使用与传播人工智能生成物的动力与预期，这也将更有利于文化传播与科学事业的发展。③ （4）使用者在人工智能生成内容过程中注入了"创作"意图，启动了创作过程，并且在最终呈现的生成物中进行了"创作"活动。④ 这也就是说，人工智能使用者的存在既是人工智能

① 朱梦云.人工智能生成物的著作权归属制度设计［J］.山东大学学报（哲学社会科学版），2019（1）：118-126.

② Glasser D. Copyrights in Computer-generated Works：Whom, If Anyone, Do We Reward？［J］. Technology Review, 2001（1）: 24-42；易继明.人工智能创作物是作品吗？［J］.法律科学（西北政法大学学报），2017（5）：138-139.

③ 余思文.我国人工智能生成物邻接权保护研究［D］.合肥：安徽大学，2020：28-29.

④ 于雯雯.人工智能生成内容在著作权法上的权益归属［J］.人工智能，2020（4）：93-100.

生成物能够产生的基础和前提，也是将其固定在有形载体上的帮助者。①
（5）向使用者授予权利是最可行的解决方案，最不可能导致诉讼的解决
方案也支持将使用者确认为计算机生成物的明确且唯一的权利拥有者。②
有学者进一步指出，人工智能生成成果的权利人是使用者的说法并不准
确，因为人工智能生成成果可能由人工智能程序的许可权人支配，也可
能由嵌入人工智能程序的设备所有权人支配，故更为妥适的说法是，对
特定人工智能程序或设备享有使用权者是其所生成数据成果的邻接权
人。人工智能程序的合法使用权人可以是其许可使用人或者受让人，智
能设备的合法使用权人是其所有者或者获得许可使用授权的人。③

　　第四种方案是主张将人工智能生成物的权利归属于人工智能的所有
权人。支持该方案的观点被称为"所有者说"。其理由主要有：（1）借鉴
我国《著作权法》中"视为作者"的立法技术，将人工智能生成物视为
由人工智能所有者主持，代表所有者意志进行的一种"创作行为"。在此
情形下，人工智能的所有者可以被视为作者，并享有人工智能生成物带
来的经济权益。④（2）基于民法孳息理论，人工智能生成特定内容的过
程，由其自然属性所决定，是一种知识财产收益，满足天然孳息的构成
要件；人工智能的所有者享有"原物"（即人工智能）所有权，"需要为

① 牛静元．人工智能生成物的著作权归属制度设计［J］．山东大学学报（哲学社会科学版），
2019（1）：118-126.

② Allocating Ownership Rights in Computer-Generated Works［J］．University of Pittsburgh Law
Review. 1985（47）：1185-1230；于雯雯．人工智能生成内容在著作权法上的权益归属［J］．人
工智能，2020（4）：93-100.

③ 陶乾．论著作权法对人工智能生成成果的保护：作为邻接权的数据处理者权之证立［J］．
法学，2018（4）：3-15.

④ 刘强．人工智能知识产权法律问题研究［M］．北京：法律出版社，2020：145；熊琦．人工
智能生成内容的著作权认定［J］．知识产权，2017（3）：3.

人工智能硬件实体与软件许可支付高额的费用，足以认为其对于人工智能的产生付出了相当的、具有产出目的性的投入"，应享有孳息（即人工智能生成物）的权益。[①]（3）从引导人工智能领域的投资来说，以所有权人为核心，给予所有者相应的权利配置，符合创新市场的需要。[②]

第五种方案被称为"投资者说"，即主张将人工智能生成物的财产权利归属于投资者。这是因为将权利归属于投资者是著作权法确定作品权属的一项重要规则；归属于人工智能投资者符合利益平衡原则；投资者是人工智能设计、制造，以及生成物生成过程中最具决定意义的力量。[③]从邻接权对"非创作性投入"的保护以及侵权防范与责任承担角度考量，人工智能生成物的邻接权归属于投资者是正当合理的。[④]

第六种方案被称为"管理者说"，即主张将人工智能的管理者视为人工智能生成物的"法律作者"，把设计者、工程师、机器人等作为"事实作者"予以对待。这一主张借鉴了《美国版权法》中的"视为作者"原则，以"法律拟制"技术对作品的事实作者（实践创作者）——创作者和作品的法律作者（雇主、投资人、制片者、委托人等）做有效区分。[⑤]

第七种方案被称为"共有权说"，主张将人工智能所有者及使用者按照一定的规则设定为作者，由两者共享权益；或者，使用者是著作权人，

---

① 黄玉烨，司马航.孳息视角下人工智能生成作品的权利归属［J］.河南师范大学学报（哲学社会科学版），2018，45（4）：23-29.

② 易继明.人工智能创作物是作品吗？［J］.法律科学（西北政法大学学报），2017（5）：138-139.

③ 张晨.人工智能生成物的著作权归属探析［D］.广州：华南理工大学，2020：31-33.

④ 许明月，谭玲.论人工智能创作物的邻接权保护：理论证成与制度安排［J］.比较法研究，2018（6）：42-54.

⑤ 李伟民.人工智能诗集的版权归属研究［J］.电子知识产权，2019（1）：22-27.

编程者（设计者）享有部分著作权。① 这是因为这一方案可解决自然人作为作者的法理依据，也可以激励人工智能设计者或者所有权人去创新开发产品，激励使用权人去创新成果，进而创造更多的社会文化资源。②

第八种方案可以被称为"多元归属说"，也即主张以归属于某一主体为基本原则，以特别归属规则为例外或者补充。这种方案基本上是对前述第二种至第七种方案的修正。在这一总体性思路下，可以细分为多种方案。如（1）以归属于设计者为基本原则，以约定为例外。如有学者认为，人工智能生成物契合"天然孳息"的要件，但人工智能程序设计员为"原物"创作者，因此，人工智能生成物应根据"原物主义"归属于程序设计者。但若人工智能由投资者管理，或者所有权转移给买受人，或者使用权转移给被许可人，则依照约定来确定人工智能生成物的权利归属。③（2）以归属于设计者或者所有者为原则，以归属于投资者或者以约定为补充。如有学者认为，在原则上，人工智能生成物的权利应归属于对人工智能进行训练的设计者或者所有者；但是，应充分考虑"保护投资、促进产业发展"的因素，在法律法规有明确规定或者当事人有合同约定的情况下，人工智能生成物的权利应归属于投资者，同时给予设计者或者所有者相应的奖励或者补偿。④（3）以作者与人工智能生成物的权利（著作权）享有者进行区分，认为人工智能的设计者是作者，人工

---

① 王小夏，付强. 人工智能创作物著作权问题探析［J］. 中国出版，2017（17）：33-36.

② 王涛. 人工智能生成内容的著作权归属探讨：以"菲林案"为例［J］. 出版广角，2020（7）：71-73.

③ 林秀芹，游凯杰. 版权制度应对人工智能创作物的路径选择：以民法孳息理论为视角［J］. 电子知识产权，2018（6）：13-19.

④ 张春艳，任霄. 人工智能创作物的可版权性及权利归属［J］. 时代法学，2018，16（4）：22-28.

智能的投资者是权利主体。①

第九种方案是将人工智能生成物视为孤儿作品。这是因为人工智能生成物是"自主智能"生成，人类难以成为作者；而且，人工智能生成物在生成过程中有众多主体参与，如设计者、所有者、使用者等，其贡献或联合或分离，导致权属难以确定。孤儿作品模式有利于回避权利主体的缺失或者难以确定问题，而容许使用者先利用，提高人工智能生成物的利用效率与增进社会福祉。②

毫无疑问，上述各种方案均有其合理性，极具洞见与法律智慧。比较而言，笔者认为：以归属于人工智能所有权人为基本原则，以法律特别规定或者合同约定为例外，来建构人工智能生成物的邻接权归属规则是比较妥适的。主要理由有以下几点。

第一，设计者说实际上是一种溯源的权属配置规则。该主张看到了人工智能生产以及生成物生成过程中"软件/算法设计者"的重要贡献，但却忽视了其他主体的贡献，如硬件制造者、所有者/使用者。或许，软件/算法更具实质意义，但离开了硬件之承载，软件/算法就没有了运行的物质基础；软件/算法设计是前提，但人工智能生成的特定的内容，也离不开后续的训练与学习，而这些后续的训练与学习依赖所有者或者使用者。同时，将人工智能生成物归属于设计者，将导致权利行使上的冲突，或者说不便捷。比如，人工智能所有权人利用人工智能生成了具有市场价值的内容，且该生成物的权利归属于设计者，那么，设计者如何获得人工智能生成的内容与数量呢？这些生成物控制在所有者或者使用者手中，又该如何行使权利呢？权利归属于设计者，而所有者不

---

① 陈明涛，王涵．人工智能创作物的版权问题研究［J］．中国版权，2017（3）：21-26.

② 刘强．人工智能知识产权法律问题研究［M］．北京：法律出版社，2020：183-185.

能享有生成物的权益，那么，又如何说服所有者去购买或者定制人工智能呢？这也就是说，按照该主张设计权属规则，将导致人工智能生成物权利行使的混乱，也将严重损害人们对人工智能的购买、使用与训练的积极性。此外，设计者的重要贡献已经通过购买者或者被许可者支付相应的费用而获得相对合理的报酬。① 人工智能生成物的具体形式与内容，并不在设计者的意志范畴，将设计者视为作者，显然是不合适的。

第二，主张使用者说的理由，除了前文所述外，其实还可以补充一个理由，即使用者是人工智能生成物生成过程中最后的人类力量。故人工智能生成物归属于使用者，符合占有的"公示外观"，更容易获得人们的"交易"信任。但是，使用者说忽略了所有者的角色意义。如果人工智能作为法律客体，那么，就一定有所有权人的存在。如果使用者与所有者是同一的，那么，所有支持人工智能生成物权利应当归属于使用者的理由，都可以转换为支持所有者说。如果使用者与所有者是分离的，那么，就要考察使用者为何能够使用所有权属于他人的人工智能并生成特定的内容。如果使用者与所有者的分离是基于借用合同或者租赁合同等债权原因，则根据物权与债权之原理，使用者获得"原物"产生的相关权益就不具有合理性或者正当性。正如某人（所有者）将一头母牛出租给另一人（使用者），则母牛生产的小牛，其所有权仍应归属于所有者，而不是使用者。如果所有者与使用者的分离是建立在具有物权性质关系上的，如人工智能所有者将人工智能设定用益物权，则使用者似可获得人工智能生成物的权利。问题的关键在于：在我国现行法律框架下，

---

① 如果报酬不合理，设计者完全可以选择不做设计或者不卖出人工智能（软件）。

设定用益物权的对象原则上限于不动产。① 除非将人工智能设定或者视为不动产，否则，以使用者为用益物权人为由来获得人工智能生成物的权益难以形成逻辑自洽。还必须注意到的问题是：即便是建立用益物权，也仍然不排除在协议中有特别约定。这也意味着即便使用者是用益物权人，也不具有获得人工智能生成物权利的当然性。如果所有者与使用者的分离是基于担保物权关系，则依据我国《民法典》的规定，使用者并不具有获得"孳息"的必然性。例如，我国《民法典》第 430 条规定，质权人有权收取质押财产的孳息，但是合同另有约定的除外。值得注意的是，质权人仅是可能的使用者（即在获得出质人同意的情况下可以使用被质押的人工智能），且质权人仅是有权收取孳息，而非获得孳息的所有权。② 此外，主张使用者享有人工智能生成物的邻接权，甚至主张没有必要另行设立邻接权的学者，基本上基于这样的逻辑前提，即人工智能尚不能独立"智能创作"，必须依赖人类，是人类创作的工具。③ 这一主张不符合本书关于强人工智能的假说的讨论前提。

第三，投资者说实际上并不排斥所有者说，因为所有者常常是人工智能最直接的投资者。例如，设计者或者制造者之所以要设计或者制造人工智能，是基于购买者（即所有者）的购买需求或者特别定制。有购买才能有市场，这是非常朴素的市场逻辑。购买者的购买与积极利用行为，可以促进人工智能产业的发展，激发人工智能的研发与生产。如果

① 我国《民法典》第 323 条规定："用益物权人对他人所有的不动产或者动产，依法享有占有、使用和收益的权利。"这意味着动产得以设立用益物权，但是，我国《民法典》明确规定的用益物权却都是针对不动产。如建设用地使用权、宅基地使用权、地役权、海域使用权、探矿权等。根据物权法定原理，动产似难以设定用益物权。

② 抵押权、留置权的规定与质权类似，详见我国《民法典》第 412 条、第 452 条。

③ 李扬 . 应从哲学高度探讨人工智能生成物著作权问题［J］. 中国出版，2019（1）：1.

企业是基于自身生产经营需要而进行投资，并设计、制造人工智能，那么，企业既是投资者，也是所有者。

第四，管理者说不排斥所有者说，因为人工智能往往就是所有者在进行管理。如果管理者与所有者相分离，就要考察两者分离的原因。在所有者与管理者形成分离后，管理者的角色实际上与使用者没有本质差异，故此时同样面临使用者说的前述逻辑缺漏。

第五，共有权说关注到了使用者与所有者或者设计者对生成物的贡献。在使用者与所有者同一时，该说实际上是在支持所有者说。在使用者与所有者相分离时，则无法自洽地解释前述关于使用者说的疑问。此外，除非双方当事人有明确的约定，否则，在我国现行法律框架下，没有可以作为确认使用者得以与所有者共享某一成果或者物品权利的法律依据。简而言之，在没有约定的情况下，我国没有法律条款规定使用者可以因使用某物而与所有权人共同享有该物产生的"收益"。① 此外，如果以法律规定的形式确认所有者与使用者，甚至其他利益关涉者，如设计者共同享有人工智能生成物的权利，则将导致这样一种尴尬局面，即增加权利行使的拘束性，妨碍人工智能生成物的效益发挥，徒增法律适用的困扰。

第六，孤儿作品模式实际上"故意"回避了人工智能生成物的权属问题。这不是一种负责任的态度。人工智能生成物并非无法确定权利主

---

① 或许，可以借鉴参考的依据是添附理论。有学者主张：加工人对原物的加工，可以因此与原物所有权人共有加工物的所有权。但是，依《民法典》第322条的规定，立法者的倾向性态度并不是要确立共有的规则，而是单独所有的规范。《民法典》第322条规定："因加工、附合、混合而产生的物的归属，有约定的，按照约定；没有约定或者约定不明确的，依照法律规定；法律没有规定的，按照充分发挥物的效用以及保护无过错当事人的原则确定。因一方当事人的过错或者确定物的归属造成另一方当事人损害的，应当给予赔偿或者补偿。"

体，而是对权利主体有所争议而已。如果全面按照孤儿作品模式处理，则将面临法律确权之窘境，即人工智能生成物的所有者、设计者、使用者等都来主张其为权利主体时，我们应当如何裁决呢？此外，所谓孤儿作品能够提高利用效率问题，完全可以通过其他机制进行处理或者协调，如前文所主张的全面适用法定许可。

对于所有者来说，除了前述理由外，笔者认为还可以补充以下理由：（1）所有者拥有人工智能的"所有权"，并能够在使用过程中获得相应的回报，符合物权理念中对物（即人工智能）享有"收益"的法理。（2）所有者是人工智能及其生成物的重要投资者。如果所有者因购买而获得所有权，则需要支付较大数额的价款；如果是自行设计、制造或者委托设计、制造，并因此享有所有权，则所有者同样需要支付较大数额的投资费用。在人工智能设计者、制造者已经通过其对人工智能的销售而获得相对公平的经济回报的情况下，人工智能的所有者应当被推定为最应受到鼓励的"投资者"。（3）由所有者享有人工智能生成物的权益，有利于激励所有者持续地对人工智能的运行、升级保持良好的投资积极性。（4）由所有者享有人工智能生成物的权利，方便权利的行使，因为所有者往往是人工智能生成物生成过程中的最后人类控制者。（5）在某种程度上体现了激励与利益平衡原则，实现了邻接权制度对投资者利益给予保障的旨趣。

当然，基于处分原则，法律应当允许人工智能生成物的利益关涉者就权益的归属与分配问题以协议的方式进行约定。这种约定即构成"归属于所有者"的例外情形。同时，法律也可以基于某些特殊政策，而赋予某些利益关涉者享有人工智能生成物的相关权益。只是，在当下，似暂难以找到确立这样特殊政策的依据。

第六章 人工智能与著作权侵权责任

基于人工智能的视角，在著作权侵权责任的法律命题下，包含着两个层面的问题。第一个层面的问题是：人工智能（或／和生成物）侵害他人著作权，应如何确认责任主体与责任形态？第二个层面的问题是：他人（主要是人类）侵害人工智能生成物的邻接权，[①] 应如何确认责任构成以及责任形态？前者的特殊性在于侵权"行为人"，即不是人类，而是人工智能。后者的特殊性在于被侵害的对象为人工智能生成物邻接权，而权利主体可能是人工智能，也可能是人类。从责任主体确认、责任构成以及责任承担形态来看，这两个问题有共同点，也有各自的特殊性。

一、人工智能侵害著作权的认定与责任承担

（一）侵权形态与责任的构成要件

侵权形态即指人工智能侵害著作权的行为表现样态。遵循著作权之法理，人工智能侵害著作权，在形态上可以表现为直接侵权与间接侵权。

1.直接侵权及责任构成

直接侵权，即责任主体（或行为人）未经许可，实施了受著作权法

---

① 从可能性考虑，这里侵害人工智能生成物邻接权的行为主体可能是人工智能。但，将人工智能生成物邻接权纳入广义著作权体系，意味着人工智能侵害人工智能生成物邻接权问题，实际上仍然是第一个问题讨论的范围。

确认的各项专有权控制的行为，且其抗辩事由（如主张合理使用）不成立，不足以免除其责任的表现样态。① 这也就是说，凡是著作权法规定的各项专有权（如复制权、发行权、信息网络传播权等），在人工智能未经许可，且没有其他法律依据的情况下实施了相关行为（如复制他人作品、向他人提供作品的原件或者复制件、通过网络传播他人作品等），即可认为构成"直接侵权"。在人工智能被确认为法律主体时，这里的责任主体（或行为人）即指人工智能。若人工智能没有被确认或者登记为法律主体，责任主体（或行为人）则指人工智能的实际控制者或者使用者。所以，在直接侵权的责任构成上，主要是根据某一"行为外观"是否符合著作权法规定的各项专有权的控制范畴，以及其抗辩事由能否成立，并足以使其免除责任。

对于直接侵权是否应具备"主观过错"问题，学界存在争议。一种观点认为，直接侵权的认定与主观过错无关。② 还有一种观点认为要根据民事责任的承担方式来确定是否需要满足主观过错要件。③ 从《著作权法》第52条、第53条所列举的侵权行为来看，应包括过错的要素评价，如"未经许可""歪曲""篡改""剽窃"的立法表述，根据客观过错理论，即为过错。④ 但在人工智能领域，主观过错不宜作为认定直接侵权的适用要件，除非人工智能仅仅是作为人类实施侵害著作权的工具。这是因为人工智能的"自主意志"已经存在很大争议，在此基础上再去判断所谓的"主观过错"将是更有争议的话题，这将导致法律的适用出现太多的不确定性。

---

① 王迁 . 知识产权法教程［M］. 5 版 . 北京：中国人民大学出版社，2016：246-249.

② 王迁 . 知识产权法教程［M］. 5 版 . 北京：中国人民大学出版社，2016：248.

③ 马治国，曹新明 . 知识产权法学［M］. 北京：人民法院出版社，2003：105-106.

④ 客观过错理论颇有争议。从法律适用来看，客观过错理论显然极具说服力与吸引力。详见张新宝 . 侵权责任法［M］. 北京：中国人民大学出版社，2010：37-38.

依著作权的权能，典型的直接侵权有：（1）侵害精神权利。如人工智能通过网络，智能地抓取他人存储在其电脑中尚未公开的作品，并自主地将该作品公之于众，此即可认定为侵害著作权人的发表权。再如，人工智能通过对他人作品的"深度学习"，以其生成物的形式"歪曲"他人作品，导致该作品声誉受到重大不利影响，则此种情形可认定为侵害保护作品完整权。（2）侵害财产权。如抄袭与剽窃。人工智能之所以能够进行所谓的"创作"，并生成具有"独创性"表达属性的"生成物"，是基于其对海量作品、信息、素材的提取与分析。比如前文提及的 Flow Machines "创作"的 Daddy's Car，就是基于对 13000 首来自全世界不同类型乐曲的分析与整合，这就意味着人工智能"生成物"可能是"抄袭、剽窃"的产物。再如，人工智能通过网络技术"自主"抓取他人电脑中的作品，即可视为侵害复制权；将作品进行网络传播，则可视为侵害信息网络传播权。我国《著作权法》（2020）第 52 条、第 53 条规定的行为表现，多属于"直接侵权"。

在直接侵权中，有两种特殊情形值得注意：

第一，如何认定人工智能涉嫌抄袭剽窃？因为著作权法是保护表达而不保护思想，采取表达与思想二分法的原则。人工智能完全具备这样的能力，即通过学习与比对，可以轻松规避所谓的"表达相似性"问题。有学者认为，对于相似性或者抄袭剽窃的判断，宜采用宽松标准，即在人类智慧作品比对中不会或不应认定为构成抄袭、剽窃的，但在人工智能领域则应认定为构成抄袭、剽窃。[①] 笔者认为，这种做法不具有太强的可操作性。因为这种判断与比对，实际上具有非常高的主观性。所谓的"宽松"，应"宽松"到何种程度呢？而人工智能的学习能力完全使得对

① 刘强.人工智能知识产权法律问题研究［M］.北京：法律出版社，2020：203-204.

这种"抄袭、剽窃"的认定更加困难。所以，有关抄袭、剽窃的判断仍依照司法实践惯常审理思路来处理。此外，可以考虑人工智能"付费学习"机制，这实际上与下述问题相关。

第二，人工智能"学习、研究"人类智慧成果或者其他人工智能生成物的行为，是否构成侵权？"大量的数据构成机器学习的训练数据库，成为算法创作（如写作、音乐制作）的主要原料与素材。"① 人工智能的学习与研究，是建立在收集、提取与分析作品的基础上，而这种"收集、提取"实际上就是作品的"复制""发行"或者"传播"。从作品的利用角度来看，这一过程就涉及是否属于合理使用，抑或侵权的问题。如前文所主张，如果人工智能是小范围、小规模地对人类智慧作品进行学习、研究或欣赏，确应落入合理使用范围，但如果是涉商业目的，或者超过所谓的小规模、小范围的程度，则应当属于侵权要考量的问题了。各国著作权法之所以将自然人学习、研究与欣赏纳入合理使用范围，是因人力所限，涉及作品范围小，对作品的影响小，但是，如果涉及作品是海量的或者是涉商业目的的，就不是合理使用限定的合理范围了。多数国家的著作权法倾向于认为"个人大量复制或者下载作品"，尽管可能是为了个人学习、研究与欣赏，但会对著作权人的经济利益造成损害，因此不属于合理使用。② 如果参照这一思路，人工智能对作品的海量或商业目的的"学习、研究、欣赏"不宜认定为合理使用。然而，如果要认定人工智能海量或商业目的的"学习、研究、欣赏"过程是一种侵权行为，则无疑会阻滞或者损害人工智能产业的发展。对此，我们有三种处理方案：第一种是明确规定人工智能对他人作品的学习、研究与欣赏必须获

---

① 梁志文，李忠诚. 论算法创作［J］. 华东政法大学学报，2019（6）：47.

② 王迁. 知识产权法教程［M］. 5 版. 北京：中国人民大学出版社，2016：219.

得著作权人的授权许可。在实践中，许多数据库在收集相关作品或其他资料过程中，基本都会获得著作权人的授权。此时，只要数据库的经营者在与著作权人签署授权过程中增加"允许人工智能学习、研究与欣赏"的授权即可。人工智能的学习、研究主要依赖已经获得授权的数据库。对于数据库以外的作品，除非获得著作权人的授权，否则禁止以学习、研究与欣赏为名义随意"收集、抓取"（复制或传播）。第二种方案是明确规定人工智能对他人作品的学习、研究与欣赏属于合理使用。有学者指出：欧美发达国家大抵通过成文法和判例法，确立了人工智能的"学习、研究与欣赏"（即文本数据存储、挖掘）属于著作权保护的例外（即合理使用），但其合理使用的适用范围、构成条件等有所不同。这主要得益于鼓励智力创作、促进机器智能产业发展的目标。而适用范围与构成条件不同，则主要是各国受到各自的法律传统影响和立法政策的不同考量。[1]第三种方案就是明确规定人工智能对他人作品的学习、研究与欣赏落入法定许可的范围。这也就意味着人工智能或者人工智能的所有者、使用者或者其他控制者必须为人工智能对他人作品的学习、研究与欣赏进行付费。如此立法，其优点在于：能够兼顾人工智能利益关涉者（如设计者、制造者、所有者、使用者）与著作权人之间的利益，实现利益平衡；[2]著作权人的权利虽受限制，但也只是限制而不是剥夺，其在一定程度上参与分配了人工智能衍生产品的利益，[3]这对著作权人而言是"有利可图"的。相比较而言，第三种方案应是优选。第一种方案尽管尊重

① 吴汉东.人工智能生成作品的著作权法之问［J］.中外法学，2020，32（3）：653-673.

② 张润，李劲松.利益平衡视角下人工智能编创使用行为的法律定性与保护路径研究［J］.出版发行研究，2020（11）：72-79.

③ 刘友华，魏远山.机器学习的著作权侵权问题及其解决［J］.华东政法大学学报，2019，22（2）：68-79.

了著作权人的意志，但实际上仍将其视为一种侵权行为。第二种方案对人工智能利益关涉者的利益保护过多，忽视了人工智能"学习、研究与欣赏"背后所隐藏的进一步商业目的。这里会涉及合理使用与法定许可的界分适用问题，笔者认为，应由人工智能或者其实际控制人对此承担举证责任；若举证不能，则适用法定许可。

此外，因各国著作权法均对技术措施及权利管理信息提供法律保护，故如果人工智能自主地破坏、规避他人对作品采取的技术措施，或者删除、修改著作权人在作品上载明的权利管理信息，则可视为直接侵权。①

2.间接侵权及责任构成

间接侵权，则与直接侵权相对应，是指责任主体（或行为人）没有直接实施受专有权控制的行为，但其行为表现与他人的"直接侵权"之间存在特定关系，或者基于特定的法律政策，而被认定为侵权行为。

在人类的视角中，典型的间接侵权是教唆、引诱他人进行直接侵权，或者明知他人的行为构成侵权，仍给予实质性帮助的行为。但"教唆""引诱""明知"具有非常强烈的"主观色彩"，②即便在承认人工智能具有"自主意志"的情况下，"教唆""引诱""明知"仍不宜直接适用于人工智能的间接侵权。在现实中，确实可能存在这样的情境，即人类在与人工智能的长期相处过程中，受到人工智能的影响而实施侵权行为，这也

---

① 有学者认为：规避或者破坏技术措施，或者删除、修改权利管理信息，应视为"违法"，而非侵权。参见王迁.知识产权法教程［M］. 5 版.北京：中国人民大学出版社，2016：255. 但我国《著作权法》及《信息网络传播权保护条例》等规定，其为"侵权行为"。笔者认为，视为"侵权行为"具有一定的道理。技术措施可视为围墙，而作品是围墙所保护的房屋。在推翻围墙的基础上，即使行为人没有再去破坏房屋，但其推翻围墙的行为仍应被认定为侵害物权。

② 在王迁教授认为，直接侵权的认定无须满足"主观过错"要件，但是，间接侵权必须以行为人具有主观过错为构成要件。王迁.知识产权法教程［M］. 5 版.北京：中国人民大学出版社，2016：250.

是人工智能伦理学说希冀避免的一种情境。但如前文所述，对人工智能的"自主意志"或"主观状态"依照人类思维进行判断，不仅是困难的，甚至可能是徒劳的。这正如试图去准确判断猫狗等动物的"主观状态"或者"情感情绪"一样困难。所以，在立法技术上，应当认为是基于特定的法律政策，而将人工智能实施的具有"帮助、促进或协作"侵权的行为表象的情形认定为间接侵权。换言之，这种"间接侵权"的判断，仍不考虑所谓的主观因素，而主要考虑行为外观是否对直接侵权起到帮助或者促进作用。例如，如果人工智能破坏了他人对作品采取的技术措施，而这种"破坏行为"是为他人复制、发行或者信息网络传播等行为提供帮助，则这样破坏技术措施的行为可以认定为间接侵权。

（二）责任主体确认的原则性规则

责任主体的确认规则，旨在确认何人应为人工智能侵害著作权的行为承担法律责任。这应遵循侵权责任的基本法理，即以"自己责任"为基本原则，其"非自己责任"或"替代责任"为补充。

在遵循"自己责任"的原则上，如果人工智能因登记而成为法律主体，则人工智能实施侵害著作权的行为应由人工智能以"自己"的财产承担无限责任；如前文主张，人工智能的财产是其具备法律主体适格性的前置条件之一，也是其对外承担法律责任的基础。人工智能的实际控制人（所有权人或者其他具有控制权的人类）以其出资额为限承担有限责任。参照公司法的规定，人工智能实际控制人的出资是以认缴为准，故在人工智能的财产不足以对外承担法律责任时，人工智能的实际控制人必须证明其实际出资的情况，否则，视为其没有实际出资到位。若人工智能实际控制人将其财产与人工智能的财产（或人格）产生混同，则适用刺破法人面纱的做法，由人工智能实际控制者对外承担连带责任。

不存在"财产（或人格）混同"的举证责任由人工智能实际控制者承担。

如果人类与人工智能建立雇用关系（如劳动关系或者劳务关系），人类为雇主，人工智能为雇员，则人工智能实施侵害著作权或其他侵权行为，则应适用雇主责任的规则处理。如《法国民法典》第 1384 条规定，雇主须就雇员因执行受雇的职务所致的损害，负赔偿责任。[①]《德国民法典》第 831 条、《日本民法典》第 715 条，我国《民法典》第 1191 条、第 1192 条都有相同或相似的规定。[②] 参考我国《民法典》的规定，只要人工智能属于人类之雇员，则人工智能在执行职务或者劳务职责时侵害他人权益（含著作权），则雇主（用人者）应对外承担法律责任。我国《民法典》规定，若雇员（被用人者）的侵权行为是在故意或者重大过失的情形下实施的，则雇主（用人者）在对外承担责任之后可以向雇员追偿。但，在人工智能作为雇员的情况下，人工智能所谓的"故意"或"重大过失"实难判断，故此时可以有两种解决思路。第一种思路是雇主能否追偿问题主要依据雇用协议（劳动合同或者劳务合同）来确定。第二种思路是明确雇主不得追偿。笔者认为，以不得追偿的方案为佳。这主要考虑人工智能的行为表象是切合雇主利益的，即在职务或者职责范围内，也有利于提示雇主充分注意雇用人工智能的法律风险，同时也有利于节约司法资源。

---

① 我国学者多主张采用"用人者责任"术语。杨立新.侵权责任法［M］.3 版.北京：法律出版社，2018：259.

② 我国《民法典》第 1191 条规定："用人单位的工作人员因执行工作任务造成他人损害的，由用人单位承担侵权责任。用人单位承担侵权责任后，可以向有故意或者重大过失的工作人员追偿。劳务派遣期间，被派遣的工作人员因执行工作任务造成他人损害的，由接受劳务派遣的用工单位承担侵权责任；劳务派遣单位有过错的，承担相应的责任。"第 1192 条规定："个人之间形成劳务关系，提供劳务一方因劳务造成他人损害的，由接受劳务一方承担侵权责任。接受劳务一方承担侵权责任后，可以向有故意或者重大过失的提供劳务一方追偿。提供劳务一方因劳务受到损害的，根据双方各自的过错承担相应的责任。"

如果人工智能没有因登记而成为法律主体，则人工智能实施侵害著作权的行为，原则上应由所有者承担责任。若所有者与实际使用者不一致，由实际使用者承担侵权责任，但所有者须对"其不是使用者"的角色承担举证责任。

对于人工智能是否为法律主体，则可通过市场监督管理部门或者工信主管部门的网站进行检索查询，并结合人工智能及其生成物上标注的相关信息来判断。

（三）技术研发与侵权责任主体

人工智能涉及众多高新技术领域，如机器学习、计算机视觉、神经生理学等。这就意味着人工智能往往不是单一单位能够独立研发成功的，所以依托研发关系而进行人工智能的生产应是常态。人工智能的技术研发至少有两种形态，即委托研发与合作研发。

委托研发是一方委托另一方就特定的人工智能进行研发，并将研发成功的人工智能用于其特定的"创作"用途或其他用途。如甲公司委托乙公司研发一人工智能，专门用于"创作新闻稿"。在委托研发中，委托人的主要义务是提供研发经费以及提供人工智能研发所需要的特定的技术资料与数据。受托人的主要义务是制订研发计划，按期完成研发工作，交付研发成果。对于委托研发的成果——用于特定"创作"用途的人工智能的权属，应依双方的约定；如没有约定或约定不明，人工智能的所有权应归属于委托人。[①] 若委托人利用该委托研发完成的人工智能进行"创作"，并生成特定的"作品"，则参照物权法之孳息归属原则，该生成

---

① 从受托人需要交付人工智能这一具有"动产"的形式来看，本书所讨论的委托研发实际上兼具定作合同的属性。故参照我国《民法典》的相关规定，笔者主张对于人工智能的权属应当属于委托人。

物的权利应属于委托人。依照风险收益均衡之法理，若该人工智能生成物侵害他人著作权，则委托人应当是第一责任主体，即应当向被侵害人在法律规定的范围承担著作权侵害责任。然而，若委托人是严格遵守人工智能的技术操作规程，善意且无过失，却由委托人来承担相应的著作权侵权责任，至少从委托人与受托人之间的权利义务关系匹配来看，是不公平的。所以，笔者认为，在委托人善意且无过失的情况下发生人工智能侵害著作权的情形，则应当由受托人就该人工智能的著作权侵权责任承担最终的责任，也即若委托人因人工智能构成著作权侵权而向著作权人（即被害人）承担侵权责任之后，就赔偿损失部分可以向受托人进行追偿；就赔礼道歉、停止侵害等其他侵权责任承担形式，由受托人承担最终责任。当然，若委托人在受托人研发过程中实施了诸多影响，如由委托人提供技术研发方案，或者由委托人提供据以供人工智能进行深度学习的海量作品或者素材等，则应根据委托人在人工智能生产过程中的影响程度进行侵权责任的分担。考虑到诉讼资源的节约以及案件有关事实的查明，在著作权人起诉委托人的过程中，应当允许委托人申请追加受托人为共同被告或者向著作权人披露受托人的情况，并由著作权人决定是否追究受托人的相关法律责任。

合作研发是双方共同进行特定的人工智能研发。在共同研发过程中，作为研发成果的人工智能可以归于双方共有或共同使用，也可以归属于某一方所有或者使用。因在共同研发中，研发各方均共同参与人工智能的研发过程，并对研发结果均有重要影响，所以，对于因研发成果（特定用途的人工智能）而产生的著作权侵权责任，除非能够证明是使用者非法使用或者具有其他免责事由，否则应当由共同研发的主体来共同承担侵权责任。若共同研发而成的人工智能的权属或使用，因约定而归属于某一方时，则相关的著作权侵权责任可参照委托研发规则进行处理。值得注意的是，共同研发必须要求各方均承担实质性的研发工作，而不能仅仅提供资金或者其他辅助性工作。若一方仅提供资金，不承担实质性的技术性工作，则视为委托研发，而非合作研发。

（四）买卖与人工智能的侵权责任主体

在市场经济中，买卖是最典型、适用最为广泛的一种商品流通方式。在人工智能未被登记而成为法律主体之前，人工智能定然是人类创造物，具有商品属性。这意味着购买者通过市场购买人工智能以满足其"学习或创作"等需求的现象将越发普遍。人工智能的高科技属性决定了绝大多数的人工智能购买者不可能深度了解或者知悉人工智能的工作原理、质量及可能存在的瑕疵，而只能按照使用说明以及销售者的指导进行操作与使用。这就需要销售者根据诚实信用原则，对标的物（即人工智能）的质量做出明确说明和具有法律效力的保证。参照我国《民法典》第 612 条及第 617 条关于"出卖人瑕疵担保责任"的规定，如果因人工智能的瑕疵而导致其生成物侵害他人著作权，那么，人工智能的出卖人需承担因瑕疵而给购买者带来的损失。[①]

然而，若适用《民法典》的前述规定，由人工智能销售者（出卖人）承担"瑕疵担保责任"，实际上仅解决购买者与销售者之间的责任分担问题，并没有解决著作权人权利被侵害应当由哪些主体来承担侵权责任的问题。

---

① 详见原《中华人民共和国合同法》第 612 条及第 617 条。我国《民法典》第 612 条规定："出卖人就交付的标的物，负有保证第三人对该标的物不享有任何权利的义务，但是法律另有规定的除外。"第 617 条规定："出卖人交付的标的物不符合质量要求的，买受人可以依据本法第 582 条至第 584 条的规定请求承担违约责任。"

若我们将人工智能视为一种产品,那么,人工智能的著作权侵害责任,则可适用《产品质量法》与《民法典》侵权责任编的相关规定来进行责任主体的确认。参照《产品质量法》第41～43条以及《民法典》侵权责任编第41～43条的规定:若因人工智能存在缺陷,而导致其侵害他人著作权的,原则上应当由人工智能的生产者、销售者承担不真正连带责任,但最终的责任主体依照相关主体的过错来确定。也即,人工智能的缺陷是生产者造成,由生产者承担最终责任;若由销售者或者仓储者、运输者等主体造成,则生产者、销售者在承担责任之后可以向过错主体进行追偿。① 根据这些规定,购买者原则上无须就人工智能侵害他人著作权而承担侵权责任。

显然,《产品质量法》与《民法典》侵权责任编的规定部分地解决了人工智能生成物侵害他人著作权的责任承担问题。但问题是:人工智能的这种缺陷应当如何认定?若人工智能并不存在法定的缺陷或者生产者存在法定的免责事由,比如将人工智能投入流通时的科学技术水平尚不能发现该缺陷的存在,则应当由哪种主体来承担侵权责任呢?

笔者认为:对于人工智能的缺陷认定,在立法技术上,我们至少有三种方案选择:第一,由被侵权人进行举证,比如,申请司法鉴定或者由人工智能领域的相关专家出具意见。这种方案符合我国当前主流的侵权诉讼

① 我国《民法典》第1203条规定:"因产品存在缺陷造成他人损害的,被侵权人可以向产品的生产者请求赔偿,也可以向产品的销售者请求赔偿。产品缺陷由生产者造成的,销售者赔偿后,有权向生产者追偿。因销售者的过错使产品存在缺陷的,生产者赔偿后,有权向销售者追偿。"第1204条规定:"因运输者、仓储者等第三人的过错使产品存在缺陷,造成他人损害的,产品的生产者、销售者赔偿后,有权向第三人追偿。"第1205条规定:"因产品缺陷危及他人人身、财产安全的,被侵权人有权请求生产者、销售者承担停止侵害、排除妨碍、消除危险等侵权责任。"

机制建构，也有利于降低人工智能生产者承担侵权的风险。第二，实行缺陷推定原则，即除非人工智能的生产者或者销售者能够证明人工智能在销售时不存在法定之缺陷，否则视为其生产与销售的人工智能具有缺陷，必须因此向购买者或者被侵权人承担侵权责任。第三，不论是否有缺陷，均规定由人工智能生产者承担最终的侵权责任。这种方案的优点是可以节约很多的证明责任，但不足之处在于可能使得人工智能生产者承担过度的侵权风险，进而使得生产者在人工智能技术的研发等方面"畏首畏尾"，阻滞技术的进步。这三种方案都有其优越性，也都有其不足。这三种方案应如何选择，可与后一问题进行综合考量，即若人工智能并不存在法定的缺陷或者生产者存在法定的免责事由，则应当由哪种主体来承担侵权责任。

对于人工智能不存在缺陷或者存在法定免责情形下的侵权责任承担，我们也至少有三种思路：第一种思路是统一规定由生产者来承担侵权责任。这是因为生产者在侵权风险成本的配置方面具有更多的主动权，也更具承担责任的财产优势，更有利于对被侵权人的权利保护。第二种思路是由购买者来承担侵权责任。根据原物与孳息的权利配置规则，人工智能的利益应当归购买者享有，那么其相应的侵权风险也应当由购买者承担。第三种思路是认定"侵权责任"不成立，但由购买者基于公平原则而给予被侵权人以适当的补偿。如前文所述，绝大多数的人工智能购买者不可能深度了解或者知悉人工智能的工作原理，而且人工智能购买者众多，且存在多次转让的情形，著作权人往往难以获悉最终的购买者是谁，若由购买者承担侵权责任将增加权利人的维权成本。因此，更应当被优先考虑的方案是第一种，即不论人工智能是否具有缺陷，均由人工智能生产者承担侵权责任。若采取这一处理方案，则前文所述之缺陷的认定或界定将不再是一种法律问题。因为不论是否有缺陷，对于人工智能的著作权侵权问题，均由人工智能生产者承担责任。当然，为了避免生产者承担过重的侵权责任，可以考虑对人工智能采用第三者责任强制险或者商业险。

在这一方案下，还有一个问题值得考虑，即如何确认人工智能的生产者与销售者？笔者认为，可以考虑标注制，即法律要求所有的人工智能必须准确地标示生产者与销售者，以及人工智能生成物属性等信息。若没有标注，则由人工智能生成物或者"作品"的署名者承担侵权责任，且不得主张免责或者减轻责任之抗辩。

（五）非法使用、租赁与侵权责任主体认定

从技术角度考虑，人工智能是由人类设计与生产出来的，它们实施各类操作之目的取决于人类事先输入的程序或指令。① 尽管人工智能可能具有"自主意志"，可以"思考"，但无论如何，人工智能都会或多或少地受到人类，如其所有权人或者生产者的控制，因此不排除这样的情况，即人工智能所有权人因非法使用而导致人工智能生成物侵害他人著作权。如果人工智能的所有权人或使用人利用人工智能实施著作权侵权行为，则相应的非法使用之行为主体需承担相应的侵权责任。值得讨论的问题是，怎样的使用才是非法使用？笔者认为，这可以从两个层面进行规范：第一个层面是规定"非法使用"的内涵与外延，即使用人使用行为不具有法律依据，即可认定为非法。例如，使用人利用人工智能与网络技术，"抓取"他人存储在特定存储设备上的作品或者其他材料，而这种抓取是在权利主体不知情的情况下进行的，即可视为"非法"。第二个层面是由行为人就是否是非法使用进行举证。但这不妨碍被侵权人进行举证。在

---

① 张童.人工智能产品致人损害民事责任研究［J］.社会科学，2018（4）：103-112.

制度效应上，这有利于减轻被侵权人的举证责任，使其被侵害的著作权人利益能及时得到有效救济。①

　　从产业化来看，人工智能使用主体将会更加广泛，即不只人工智能所有权人可以使用人工智能进行"作品创作"，而且承租人也可以通过租赁方式取得人工智能的使用权，并进行"作品创作"。因此，除了所有权人非法使用需对人工智能的著作权侵权责任负责外，承租人同样也可以因其非法使用而承担相应的侵权责任。值得考量的问题是：若承租人非法使用而导致出现人工智能侵害他人著作权的情况，则出租人是否应承担相应责任？笔者认为：在租赁关系下，出租人在预防作为租赁标的物的人工智能被滥用方面应负有一定的管理义务，也对人工智能负有维修义务。所以，若承租人违法使用人工智能而导致侵权，则对于此种情形下的责任承担主体，可以参照我国《民法典》第 1209 条对于机动车租借造成侵权的规定，即"因租赁、借用等情形"而导致所有人与使用人不是同一人时，发生侵权行为后，由保险公司在强制保险责任限额范围内予以赔偿，不足部分由使用人承担赔偿责任；所有人对损害的发生有过错的，承担相应的赔偿责任。这也就是说，如此立法的态度是，人工智能出租人在出租前需对人工智能以及承租人的资质进行审慎审查，同时在出租后要对人工智能承租人的使用行为进行相应监管。如果出租人将有瑕疵的人工智能出租，或是没有对出租后的人工智能尽到适当的监管责任，而导致人工智能生成物构成著作权侵权的，出租人应承担相应的侵权责任。

---

① 　王晓巍 . 智能编辑：人工智能写作软件使用者的著作权侵权规制［J］. 中国出版,2018（11）: 49-52.

（六）非法侵入及使用、管理过错情形下的责任主体认定

人工智能的使用往往离不开互联网。只要有网络，就意味着第三人可基于黑客技术而侵入人工智能，进而致使其侵权。例如，网络病毒等人为因素侵入、控制人工智能系统，使人工智能无法按设定程序进行工作，出现错误，并由此导致侵权。黑客攻击智能机器人的智能系统，造成他人损害，黑客就是责任人。对这种情况，可以参照我国《民法典》关于产品责任的规定，即因第三人的过错使人工智能存在缺陷，造成他人损害的，在销售者赔偿后，有权向第三人追偿。黑客等非法侵入者就是这里所说的第三人，应该按照上述规则确定其侵权责任。[①]

在实践中，我们也不能排除因人工智能的所有者、开发者或销售者的过错或未尽其管理义务而导致被非法侵入的情况。从公平角度来看，人工智能的所有者、生产者或销售者都应相应地尽到自己的谨慎与管理义务。[②]这种谨慎与管理义务的确认可以参考美国关于自动驾驶汽车的立法。美国众议院于 2017 年 9 月通过的《自动驾驶法》第 12 条，对生产者、销售者提出了系列隐私保护的技术标准，以防止人工智能系统的隐私信息遭受恶意窃取、篡改、删除或滥用。[③]鉴于此，为保护被侵权之著作权人的利益，在人工智能的所有者、生产者或销售者未尽其注意与管理义务而导致被非法侵入的情况下，人工智能的所有者、生产者或销售者应当在其过错的范围内向被侵权人承担相应的法律责任。若人工智能的所有者、生产者或销

---

① 杨立新.人工类人格：智能机器人的民法地位：兼论智能机器人致人损害的民事责任［J］. 求是学刊，2018，45（4）：84-96.

② 若生产者能够被确认，则生产者应当作为第一责任主体；若无法确认生产者，则销售者应当成为第一责任主体。

③ 法案全名为 "*Safely Ensuring Lives Future Deployment and Research In Vehicle Evolution Act*"。张童.人工智能产品致人损害民事责任研究［J］.社会科学，2018（4）：103-112.

售者在发现第三方非法侵入人工智能后，积极采取及时、合理的措施，避免损害的扩大或者将侵权损害程度控制在合理的范围内，则可以减轻或者免除其侵权责任。[①] 对于人工智能所有者、生产者或销售者的责任分配，宜考虑采用按份责任，即由这三者在其过错程度范围内承担相应份额的责任。对于这三者与非法侵入者之间的责任配置，则宜考虑为补充关系，即若能确认非法侵入者之身份，则由侵入者承担全部责任；若无法获知侵入者或在侵入者无法承担侵权责任的情况下，则由人工智能所有者、生产者或销售者在其过错范围内承担补充责任。

（七）人工智能侵害著作权的责任形态

侵害著作权，应依法承担法律责任。我国法律对侵害著作权的法律责任区分为三种：民事责任、行政责任、刑事责任。行政责任及刑事责任只有在损害或严重损害公共利益时才得以适用。

立法者对侵害著作权确定民事责任的主要目标有三种：停止侵害行为继续，防止被侵权人的损害扩大；填补被侵权人的损失；教育侵权行为人，禁止日后继续实施侵权行为。[②] 对于民事责任，我国《民法典》第179条规定了停止侵害、消除危险等十一种责任承担形式。[③] 但《著作权法》第52条规定侵害著作权的责任承担方式主要是停止侵害、消除影响、赔礼道歉与赔偿损失。[④] 根据特别法优于一般法的原理，对人工智能

[①] 崔国斌.网络服务商共同侵权制度之重塑［J］.法学研究，2013，35（4）：138-159.

[②] 王迁.知识产权法教程［M］.5版.北京：中国人民大学出版社，2016：257.

[③] 《民法典》第179条规定："承担民事责任的方式主要有：（一）停止侵害；（二）排除妨碍；（三）消除危险；（四）返还财产；（五）恢复原状；（六）修理、重作、更换；（七）继续履行；（八）赔偿损失；（九）支付违约金；（十）消除影响、恢复名誉；（十一）赔礼道歉。"

[④] 《著作权法》（2020年修订）第52条规定："有下列侵权行为的，应当根据情况，承担停止侵害、消除影响、赔礼道歉、赔偿损失等民事责任……"

侵害著作权的民事责任承担方式，应主要适用《著作权法》的规定。如果人工智能被作为法律客体或者被作为雇员而由作为所有权人／使用人或者雇主的人类来承担民事责任时，则前述民事责任承担方式均应得以适用。但是，若人工智能被登记成为法律主体，且适用"自己责任"时，其承担的民事责任的方式应主要限于停止侵害、赔偿损失，而不宜适用消除影响、赔礼道歉。这是因为消除影响、赔礼道歉是具有很强的自然人人身属性的责任承担形式。"消除影响"的制度目标在于消除民众对被侵权人的负面评价或者错误认识，但是，在人工智能被裁判承担相应法律责任后，这种裁判结果向社会公开（因人工智能不适用隐私等保护规则，故对人工智能裁判的结果不存在不宜向社会公开的情形），则意味着负面评价的消解或者错误认识的更正。同时，要求人工智能向人类赔礼道歉，是没有实质的社会效应。人工智能之所以成为法律主体，仅是拟制的结果，而由具有客体属性强烈的人工智能向人类赔礼道歉，类似要求咬人的狗向人类赔礼道歉，故不可取。估计鲜有人类愿意接受具有客体属性的人工智能的"赔礼道歉"。即使有，这种"赔礼道歉"的心理慰藉作用应该是很小的。况且，发达国家著作权法鲜有"赔礼道歉"的民事责任承担方式。[①] 诚然，有人对此可以反驳说，人工智能具有学习能力，可以通过这种学习（即承担消除影响、赔礼道歉等责任形式）来避免日后继续实施侵权行为，从而起到"教育"之效果。笔者认为，法律责任的承担，已经包含着否定性评价，只要确有"学习"的自觉，即使没有相应的法律责任承担经验，人工智能也可以进行相关"学习"，并避免实施或者后续实施侵权行为。换言之，对于任何人（包括人工智能）而言，这种"体验式的学习"并不是必然或者必需的。

---

① 王迁.知识产权法教程［M］.5版.北京：中国人民大学出版社，2016：258.

在适用损害赔偿责任时，有两个问题值得注意：第一，惩罚性赔偿问题。我国《著作权法》规定适用惩罚性赔偿的条件是："故意"侵权及"情节严重"。如前文所述，在人工智能为法律主体时，则不宜再从"故意"角度，而应从"情节严重"角度把握惩罚性赔偿的适用。参考最高人民法院《最高人民法院关于审理侵害知识产权民事案件适用惩罚性赔偿的解释》的规定，"情节严重"主要从手段、次数、持续时间、地域范围、规模、后果等角度来把握。[1] 如次数应以三次以上为"情节严重"，持续时间以超过一年为"情节严重"等。但是，同时损害公共利益的，仅宜在没有被追究行政责任或者刑事责任时，始得以适用惩罚性赔偿。第二，责任减免问题。如前文所主张的，基于鼓励实施规范、准确的"标注"制，保障公众的知情权，对于"标注"为人工智能生成物，但生成物有"抄袭、剽窃"等侵权的情形时，对责任主体不适用"赔礼道歉、消除影响"的责任承担方式；同时，责任主体得以减免30%～50%的

---

[1]　最高人民法院于2021年3月颁布的《最高人民法院关于审理侵害知识产权民事案件适用惩罚性赔偿的解释》第三条规定："对于侵害知识产权的故意的认定，人民法院应当综合考虑被侵害知识产权客体类型、权利状态和相关产品知名度、被告与原告或者利害关系人之间的关系等因素。对于下列情形，人民法院可以初步认定被告具有侵害知识产权的故意：（一）被告经原告或者利害关系人通知、警告后，仍继续实施侵权行为的；（二）被告或其法定代表人、管理人是原告或者利害关系人的法定代表人、管理人、实际控制人的；（三）被告与原告或者利害关系人之间存在劳动、劳务、合作、许可、经销、代理、代表等关系，且接触过被侵害的知识产权的；（四）被告与原告或者利害关系人之间有业务往来或者为达成合同等进行过磋商，且接触过被侵害的知识产权的；（五）被告实施盗版、假冒注册商标行为的；（六）其他可以认定为故意的情形。"第四条规定："对于侵害知识产权情节严重的认定，人民法院应当综合考虑侵权手段、次数，侵权行为的持续时间、地域范围、规模、后果，侵权人在诉讼中的行为等因素。被告有下列情形的，人民法院可以认定为情节严重：（一）因侵权被行政处罚或者法院裁判承担责任后，再次实施相同或者类似侵权行为；（二）以侵害知识产权为业；（三）伪造、毁坏或者隐匿侵权证据；（四）拒不履行保全裁定；（五）侵权获利或者权利人受损巨大；（六）侵权行为可能危害国家安全、公共利益或者人身健康；（七）其他可以认定为情节严重的情形。"

损害赔偿责任。①

　　行政责任是由行政机关对侵害著作权的行为人给予的行政处罚，其适用的核心要件在于这样的侵权行为损害了公共利益。我国《著作权法》第53条规定了八种涉嫌侵权，且损害公共利益的情形。② 这八种情形均可适用于人工智能侵害著作权的场景。对于责任承担方式，根据《著作权行政处罚实施办法》第4条的规定，主要是：警告、罚款、没收（包括违法所得、侵权制品、设备、材料、工具等）。笔者认为，这些责任形态均可以适用于人工智能侵害著作权且损害公共利益的场合。在行政机

① 对于损害赔偿责任的减免比例，值得进一步讨论。笔者认为：减免30%～50%的损害赔偿责任是可取的。如果减免过多，则不利于权利主体的权益保障，也可能影响人工智能相关责任主体（如设计者、生产者或者使用者等）对避免侵权的注意义务履行积极性。如减免过少，则不利于鼓励权利主体进行准确的"标注"，不利于社会公众知情权的保障。

② 《著作权法》（2020年修订）第五十三条规定："有下列侵权行为的，应当根据情况，承担本法第五十二条规定的民事责任；侵权行为同时损害公共利益的，由主管著作权的部门责令停止侵权行为，予以警告，没收违法所得，没收、无害化销毁处理侵权复制品以及主要用于制作侵权复制品的材料、工具、设备等，违法经营额五万元以上的，可以并处违法经营额一倍以上五倍以下的罚款；没有违法经营额、违法经营额难以计算或者不足五万元的，可以并处二十五万元以下的罚款；构成犯罪的，依法追究刑事责任：（一）未经著作权人许可，复制、发行、表演、放映、广播、汇编、通过信息网络向公众传播其作品的，本法另有规定的除外；（二）出版他人享有专有出版权的图书的；（三）未经表演者许可，复制、发行录有其表演的录音录像制品，或者通过信息网络向公众传播其表演的，本法另有规定的除外；（四）未经录音录像制作者许可，复制、发行、通过信息网络向公众传播其制作的录音录像制品的，本法另有规定的除外；（五）未经许可，播放、复制或者通过信息网络向公众传播广播、电视的，本法另有规定的除外；（六）未经著作权人或者与著作权有关的权利人许可，故意避开或者破坏技术措施的，故意制造、进口或者向他人提供主要用于避开、破坏技术措施的装置或者部件的，或者故意为他人避开或者破坏技术措施提供技术服务的，法律、行政法规另有规定的除外；（七）未经著作权人或者与著作权有关的权利人许可，故意删除或者改变作品、版式设计、表演、录音录像制品或者广播、电视上的权利管理信息的，知道或者应当知道作品、版式设计、表演、录音录像制品或者广播、电视上的权利管理信息未经许可被删除或者改变，仍然向公众提供的，法律、行政法规另有规定的除外；（八）制作、出售假冒他人署名的作品的。"此外，《计算机软件保护条例》第二十四条也有关于损害公共利益的规定。

关针对人工智能，或者人工智能实际控制人实施行政处罚时，相关处罚情况应适时向社会公开，这是为了保证公众的知情权。若人工智能为法律主体，且其财产不足以承担行政责任（如罚款），或者具备否定其法律主体资格的相关事由时，行政机关应采取注销其主体资格的行政措施。此外，针对人工智能的特殊性，行政处罚措施还可以增设强制修改、删除相关信息或数据、强制撤销其主体资格等措施。①

作为惩戒性最强的责任形态，刑事责任是在侵权行为严重损害公共利益的情况下得以适用。我国《刑法》第 217 条规定了六种"侵犯著作权罪"的行为，第 218 条规定了"销售侵权复制品罪"。其责任的承担方式包括：有期徒刑、拘役与罚金。显然，在人工智能被作为工具的场合，这些刑事责任形式均应被适用，但在人工智能为法律主体时，管制、拘役、有期徒刑，甚至死刑等具有人身限制的措施是否具有适用的意义，学界颇有争议。有学者认为，人身限制措施仍得以适用于人工智能。例如，对人工智能可以进行网络社区矫正管制，限制人工智能进行商业运作的时间即可视为是拘役与有期徒刑，对人工智能实行强制性注销即视为执行死刑。② 笔者认为，刑事责任的适用原则只应适用罚金。其中道理很浅显明了，即对人工智能这样具有强烈客体属性的拟制主体采取"关押"这样的措施，没有任何社会效果。限制商业运营时间，甚至包括强制性注销完全可以通过行政处罚的相关措施得以实现预设之目标。值得注意的是，如果人类作为人工智能的实际控制者，与人工智能产生"人

---

① 刘宪权.人工智能时代我国刑罚体系重构的法理基础［J］.法律科学（西北政法大学学报），2018，36（4）：47-55.

② HALLEVY G. AI v IP Criminal Liability for IP Offenses of AI Entities［EB/OL］.（2015-11-17）［2019-08-18］.https://papers.ssrn.com/sol3/papers.cfm?abstract_id=2691923；刘强.人工智能知识产权法律问题研究［M］.北京：法律出版社，2020：234.

格混同",则有期徒刑、拘役仍得以适用于实际控制人。这里的"人格混同"的认定,可参照我国的法人制度以及"单位犯罪"机制,即尽管人工智能被登记为法律主体,但人工智能实际上仅充当实施侵权的工具角色,则人工智能实际控制人应承担相应的刑事责任,责任形态包括拘役、有期徒刑等人身处罚。

二、侵害人工智能生成物邻接权的责任认定与责任形态

侵害人工智能生成物邻接权,即指侵害权利主体对人工智能生成物享有的合法权益(即本书主张的邻接权)。从侵权人与被侵权人的关系来观察,侵害人工智能生成物邻接权的情形,可以区分为以下四种:第一种情况是人类侵害人工智能对其生成物享有的邻接权。此时,侵权行为人是人类,而被侵权人为人工智能。第二种情况是其他人工智能侵害人工智能对其生成物享有的邻接权。此时,侵权行为人是人工智能,被侵权人也是人工智能。第三种情况是其他人工智能侵害人类对人工智能生成物享有的邻接权。此时,侵权行为人是人工智能,而被侵权人是人类,侵权行为针对的是人工智能生成物。之所以被侵权人是人类,是因为人工智能没有被登记成为法律主体,而仅是作为人类支配或者控制的客体存在,其生成物邻接权由人工智能所有者享有。第四种情况是人类侵害人类对人工智能生成物享有的邻接权。侵权行为人是人类,被侵权人也是人类。

作为一种侵权表现形式,侵害人工智能生成物邻接权,与一般的著作权侵权相比,在责任主体的确认、责任构成要件、责任形态三个方面有共性,也有个性/特殊性。

第二种情况与第三种情况的侵权行为人均为人工智能,且本书主张

赋予人工智能生成物以邻接权，属于广义的著作权范畴，故第二、第三种情形下的责任主体确认及责任承担形态，均可以适用本章第一部分的讨论。第一种情况与第四种情况，侵权行为人为人类，而被侵害的对象是人工智能生成物邻接权，故责任主体的确认，可适用本章第一部分讨论；在责任承担形态上，可适用《民法典》侵权责任编以及《著作权法》关于侵权责任的规定。

从被侵害对象来看，以上四种情形均是针对人工智能生成物邻接权，而本书主张人工智能生成物邻接权的结构化权能及其权利限制有特殊性。这就意味着以上四种情形侵权责任构成要件有特殊性。

从被侵权人的救济角度来看，第一种、第二种情况比较特殊，因为被侵权人为人工智能，是被法律拟制而成为权利主体的。因法律责任，尤其是民事法律责任的承担是为了对权利主体提供法律救济，故本书在此讨论的"责任形态"仅针对被侵权人为人工智能的场合。

（一）责任认定要件

责任构成是判断某一侵权行为应当承担侵权责任的基本标准。依著作权侵权的基本原理，判断某一行为是否构成侵权（即侵害权利主体对人工智能生成物享有的邻接权），关键在于两个要件：第一，行为人的行为是否落入邻接权的控制范围；第二，是否具备法定的免责事由。

如前文所述，权利主体对人工智能生成物享有的邻接权涉及标注权、公开权、复制权、发行权、信息传播权五项权能。这也意味着行为人的行为可构成侵权的表现主要有以下五种，即未经权利人许可而混淆、删除生成物的标注，或将人工智能生成物公之于众，或复制生成物，或向公众提供生成物的原件或者复制件，或向公众通过有线或者无线的方式传播生成物。除此之外的其他行为，均不会落入人工智能生成物邻接权的控制范围，也意味着不会构成侵权。但如果法律赋予权利主体对人工智能生成物享有更大范围或者更强的专有权能，甚至是类似狭义著作权上的各项权能，则意味着可能的侵权表现将增多。

判断某一行为是否构成侵权，除了判断是否落入人工智能生成物邻接权的控制范围外，还要看该行为是否具备法定的免责事由。鉴于本书主张人工智能生成物邻接权的限制与例外包括合理使用、法定许可等，故在被控侵权的主体可以其行为满足这些限制与例外的规定条件来进行抗辩。这也就是说，被控侵权的主体应举证证明其行为具备法定的免责事由，属于人工智能生成物邻接权的限制与例外情形。例如，被控侵权的行为人要主张合理使用，则应围绕合理使用的适用要件进行举证，即属于法定规定的特殊情况；该特殊情况的使用没有影响权利主体对生成物的使用，也没有不合理地损害权利主体的合法权益（如对来源进行准确标注，没有混淆等）。需要注意的是，如果仅有权利限制与例外的表象，但实质上不能完全满足这些权利限制与例外的适用要件，则应认定为侵权。例如，行为人以商业目的使用人工智能生成物，并且进行了属性标注（即标注为人工智能生成物），但是，错误地标注了生成的主体（如将人工智能 A 生成的内容标注成为 B），则仍然是侵权。

鉴于本书主张所有人工智能生成物均适用法定许可，这是否意味着他人不可能侵害权利主体对人工智能生成物享有的邻接权呢？也即不存在的侵权可能性？这是一种错觉。例如，行为人基于特定事由而获得人工智能生成物，在该生成物尚未公之于众时，行为人将其公之于众，即可视为侵权。再如，尽管人工智能生成物已经公之于众，但是行为人恶意删除人工智能生成物的标识，并试图将其混淆来源或者性质于社会公众的，即可认定为侵权，并可能损害社会公共利益。但是，若如本书主张，将全部公之于众的人工智能生成物均纳入法定许可的适用范围，在某种程度上讲，将会导致侵权纠纷的大量减少，而关于法定许可的费用争议将大量增多。

（二）侵权责任形态

如前文所述，侵害著作权的法律责任主要有三种，即民事责任、行政责任与刑事责任。责任承担形态主要是针对侵权行为人，其制度的主要目的在于对行为人的侵权行为进行否定与非难。但是，责任承担形态也关涉被救济的被侵权人。因为侵权法律责任的另外一个制度目的是对被侵权人提供法律救济，填补或者修复损害。所以，如果被救济的权利主体是人类，而且侵权行为人也是人类，那么，我国法律框架下规定的所有法律责任均可得以正常适用。如果被救济的被侵权人是人类，而侵权行为人是人工智能，则侵权责任形态的适用可采用本章第一部分的讨论。但是，如果被侵权人是人工智能，则在法律责任的适用上，我们宜进行适当的调整。

在民事责任领域，笔者认为，侵权责任承担方式应主要为停止侵权、消除影响与赔偿损失。停止侵权的目的在于避免损害的进一步扩大。例如，侵权行为人对人工智能生成物大规模地商业利用，且错误地标注生成物的来源（即生成者标识错误），则应当适用停止侵权的措施。停止侵权不具有适用的必然性，即在某些侵权场合，不宜适用停止侵权。例如，他人将人工智能生成物公之于众，则可认定为侵害人工智能生成物权利主体享有的公开权，但是，该生成物一旦公开，则适用停止侵权没有实质意义。因人工智能会涉及其商业信誉的评价，故消除影响仍有适用的意义。消除影响的措施包括向社会公开释明，以更正或修复社会公众对人工智能的评价；而且，消除影响应特别针对那些对人工智能有负面登记状态的情形。例如，某人工智能生成物的生成者被标注成为人工智能A，且法院裁判该生成物为抄袭、剽窃，构成侵权，并由人工智能A承担相应的法律责任。行政主管机关依照裁判将侵权相关事项进行登记公示。若事后证明，该生成物实际生成者为人工智能B，而非人工智能A，则进行错误标注的行为人应当负责将行政主管机关对人工智能A的侵权登记事项申请撤销。赔偿损失仍应得以适用。这是因为赔偿损失会直接关涉被救济的人工智能的财产基础，进而关涉其人工智能对外责任的担保与主体资格的存续。对于赔礼道歉，笔者认为不应适用。如前文的观点，人工智能具有客体属性，是被拟制的法律主体，因而强制人类向具有客体属性的人工智能赔礼道歉，不仅不人道，也没有意义。正如要求人类向动物道歉，除了看客看热闹外，并没有其他意义。

在行政责任领域，相关的责任形式均应适用，包括警告、罚款、没收等。值得讨论的问题是，侵权行为人恶意对人工智能生成物进行属性与来源的错误标注或者混淆，应依法追究行政责任。因为人工智能生成物的属性与来源的识别关涉社会公众的知情权，也关涉社会的管理秩序。

对于刑事责任，从人工智能生成物弱保护原则以及人类利益优先性出发，笔者认为不应得以适用。这也就是说，侵害人工智能生成物的邻接权，不应适用刑事责任。若有损害社会公共利益之情形，则可通过行政责任予以救济。

结　论

　　文明的进步会不断地使法律制度失去平衡；而通过将理性适用于经验之上，这种平衡又会得到恢复，而且也只有凭靠这种方式，政治组织社会才能使自己得以永久地存在下去。[①] 作为人类历史上伟大的"智慧创造"，人工智能深刻地影响着人类的生活图景，并带来了太多的法律新课题。人工智能及生成物对著作权制度的挑战，即是诸多法律新课题的重要一项。毋庸置疑，我们对此需要做些准备与尝试。

　　如果从主客体的思维范式来看，人工智能作为法律主体面临着重大的理论障碍；然而，思维范式的改变，将为人工智能的法律地位革新提供新视角。历史演化规律表明：法律主体经历人非人、人为人、类人拓展与非人可人的过程。这一规律提示我们，在法律技术上将人工智能确认为法律主体不仅可能，而且是可行的。电子人说、代理人说、中介说等观点为我们提供了丰富的理论视角。比较而言，综合借鉴法人与自然人制度，赋予人工智能有限法律人格应当是优选。在具体的建制中，人工智能的有限法律人格实行"无财产无人格"机制；人工智能的实际控制人充当监护人或者股东角色；登记制也是区分人工智能是否成为法律主体的重要识别依据。在人工智能被确认为法律主体的前提下，人工智

[①]　庞德语。转引自博登海默.法理学：法律哲学与法律方法［M］.邓正来，译.北京：中国政法大学出版社，2004：157.

能可被视为"作者"，成为著作权的原始主体或者继受主体，如因生成人工智能生成物而原始地享有该生成物的权益，也可以因受让、出资、雇用等原因而继受地享有相关著作权。

人工智能及其生成物对传统著作权制度正当性的理论基石提出了全面挑战。劳动学说、人格理论、契约论、激励理论、利益平衡论等应做适当的调整或者修正，始能为人工智能生成物在著作权法体系中寻得具有逻辑自洽性的理论依据。

在人工智能生成物的法权化模式中，著作权、邻接权、特殊权利、物权、债权以及竞争法制都有为人工智能创作物提供或多或少的保护的可能性。相比较而言，邻接权模式应该是优选。赋予人工智能创作物以邻接权，可以保证著作权法"人类精神创作激励"的纯粹性，也意味着人工智能创作物实行较低程度的保护，避免对人类智慧创作积极性造成损害。"标注"制可较好地解决人类智慧创作物与人工智能创作物的界分问题。基于法定主义考量，权利主体对人工智能生成物享有的邻接权可被称为"人工智能生成物制作者权"。

作为邻接权的保护客体，人工智能生成物应包括所有具有市场价值，能满足人类精神或者物质需要的生成物，而不局限于那些具有作品"形式外观"或者"表象"的生成物。对于邻接权的结构化权能，宜借鉴广播组织者权或者录音录像制作者权，将其设定为标记权、公开权、复制权、发行权、信息传播权，但这些权能均应设定为经济权利。其中，标记权类似署名权，但基于保障公众知情权，该权利具有强烈的义务属性，具有强制性。公开权类似发表权，旨在保障权利主体对生成物能够自主选择公之于众的时间、地点与方式，进而充分有效地获得经济利益与竞争优势。权利主体对人工智能生成物享有邻接权应受到性质、公共利益、在先权利、意思自治等因素的限制。综合考虑人工智能生成物邻接权的弱保护原则，增加传播与利用以及权利救济效果等因素，我们宜将法定许可机制全面适用于所有的人工智能生成物，以实现"多赢"。在保护期限上，宜设定为 10 年。在权利的原始归属上，以"生成主义"与"所有者主义"为基本原则。也即，在人工智能被登记为法律主体时，其生成物的邻接权由该人工智能享有；若人工智能没有被登记为法律主体，则该生成物的权利归属于人工智能的所有者。但是，当有雇用关系等因素嵌入，则人工智能生成物权利归属规则应做适当调整。

对于人工智能侵害著作权的责任认定与责任承担，应区分人工智能是否被登记为法律主体而有所区别。若以人工智能为侵权行为人，则其侵权责任的构成要件，宜从行为外观是否落入著作权控制范畴以及是否具有免责事由两个方面来把握，而不考虑所谓的"主管过错状态"；责任主体的确定宜遵循"自己责任"原则。但若人工智能仅为工具，则人工智能的侵权责任认定应根据人工智能的生产、销售以及使用过程来综合判断。如产品瑕疵、非法侵入等都将导致责任主体发生改变。若承担民事责任的主体为人工智能，则消除影响、赔礼道歉不宜被适用；若被救济的权利人为人工智能，则赔礼道歉不宜被适用。侵权行为人恶意对人工智能生成物进行属性与来源的错误标注或者混淆，应视为损害公共利益，应依法追究行政责任。侵害人工智能生成物的邻接权，不应适用刑事责任，以保证刑事责任的"谦抑"品性。

不言而喻，人工智能及其生成物引致了传统著作权理念与规则的诸多"不适"。这似乎意味着理念与规则的革变势在必行。诚如学者所言："未来时代著作权法的走向，将是工具理性和价值理性的统一。人工智能的发展，应走出'技术知识的囚室'，寻求具有广泛社会价值的技术理性。"① 如果真的是这样，我们不如主动些、大胆些、去应对、去改变，尽管这样的过程常常令人不悦或者深感痛楚。但无论如何，人类的智慧都始终是值得憧憬与崇敬的。

---

① 吴汉东.人工智能生成作品的著作权法之问［J］.中外法学，2020，32（3）：653-673.

后　记

（一）

本书的写作，源于福建省社科课题研究。2018年，我申请福建省社科基金一般项目，并获得立项资助。现在回想，我已记不清当时是如何确定这个研究选题的了，隐约记得与北京的一位师友向我约稿有关。2018年4月，北京这位师友知道我当时在台湾地区访学（我于2017年在台湾大学访学，2018年在台湾政治大学访学），便通过微信联系我，说她的一位朋友拟就人工智能生成物著作权问题进行组稿，问我能否写一篇对人工智能生成物著作权研究状况的相关文字。经过几天的疑虑，我同意了。之所以疑虑，是因为如果将电脑视为人工智能的初级形态，那么，有关研究的"起讫"期间太长，相关研究成果太多。如果要对学界的相关研究进行梳理，于我而言，难度太大。之所以同意，是因为我希望能够给自己一点压力。我后来的写作进展证明我当时的疑虑是正确的。那段时间，除了跑步、爬山，我多数时间是在台湾政治大学的图书馆负一楼度过。其间，我收集了许多相关的研究资料，也同在台湾政治大学访学的慧姐（天津大学）讨论过几次，但却迟迟难以确定一个恰当的视角。经过大约两周时间的考虑，最终确定了文章题目为"人工智慧生成物著作权问题：台湾地区的研究及主要观点"。文字完成，算是完成了一项任务。交稿后,组稿的朋友反馈说稿件拟用,并支付了 4500 元的稿费。这应该是我这么多年就单篇文字获得的最高稿酬。不过,略有遗憾的是,我没有收到刊载我这篇文字的论文集或刊物,所以,也不知道我的那篇文字是否被正式刊载。

我现在不确定是先有了以上的约稿,还是先有了福建省社科研究选题的申报。不论如何,师友的约稿,于本书的成稿,都有着重要的推进作用。至少,本书引用了许多台湾地区学者的相关研究成果。

在课题研究过程中,我就相关议题写成几篇小文章,并向一些学术会议以及期刊投稿。最初给我回应的是 2018 年海峡法学论坛组委会。当年论坛在福州举办,我投稿的选题是"论人工智能有限法律人格的建制"。该文被选为会议交流论文。在会议期间,我的座位恰与徐国栋老师临近,我便向徐国栋老师求教自己的一些疑惑。徐老师似乎也注意到了我的这篇文字,因为他在我这篇文章上画了一些线。徐老师为人谦和,在聊天过程中,对我的这篇文章给予了一些肯定,这也给了我莫大的鼓舞。遗憾的是,我并没有就这一篇文章进一步修改并向期刊投稿。

此后,我又草拟了两三篇文章,如"论人工智能生成物的法权化模式""论人工智能生成物侵害版权的责任主体认定"。前者我投稿给中国法学会知识产权研究会 2018 年年会(当年在厦门大学举办),后者我投稿给中国科学技术法学会网络空间法专业委员会 2019 年年会(由重庆邮电大学承办)。很荣幸的是,以上两篇文章都被选为会议交流论文。经过修改后,前者为北京大学知识产权学院、互联网法律中心等单位主办的学术刊物《网络法律评论》所采用;后者为寿步教授等主编的《网络空间治理前沿(第一卷)》所采用。

2021 年 3 月上旬,本书稿最终完成,并提交课题结项鉴定。5 月中旬，学院的科研办公室主任告诉我，本课题已经通过评审专家的结项鉴定，且鉴定结论为"优秀"。对于"优秀"的鉴定结论，我有些意外。我知道，书稿中有不少的纰漏。我相信，之所以能够获得"优秀"的鉴定结论，是因为评审专家对课题组努力的一种"含情脉脉"的鼓励。作为课题研究的最终成果，本书是"合作性"成果。除了本书署名作者外，其他课题组成员多次参与课题研究思路及相关观点的讨论。

（二）

我喜欢打羽毛球，甚至可以说有些"痴恋"！羽毛球，可以疾若电，快如风，彰显着不羁的精神；可以浅笑盈盈，芳华曼妙，演绎着静谧的优雅！所以，只要到了和球友约定的打球时间，我基本上会放下手中的活儿，匆匆地往球场赶！如果出差在外地，只要时间允许，我都会尽量赶回球场打球；即便时间不允许，不能赶回球场打球，我的心也总是惦记着球场上的奔跑与吆喝。在某种意义上，羽毛球之于我，是锻炼，是愉悦与释怀，更是快乐创造与情意表达。

或许，正是因为看到我对羽毛球如此的"痴狂"，常有师友开玩笑地说，我是被"法律"耽误了的羽毛球"专业"选手！我知道这种"玩笑"所隐含的善意：已入"法海"二十余载，虽有"耕耘"的尝试，但无收获！

对羽毛球的"痴恋"，可以算是我多年来"不务正业"的"缩影"。打球、跑步、爬山、诉讼、教学、研究……圣人孔子言："四十而不惑"！然而，于我而言，没有"四十不惑"，但确渐渐发现：白驹过隙，时光荏苒，一无所知，无能为力。

苏格拉底将自己描述为一位"无知的提问者"。如果细细想来，我可能连"提问者"的适格性都没有。尽管如此，作为在学校度过大部分时光的我来说，好为人师的毛病却一直有。有时候我也想，能够就自己的观察、记录与思考，与别人分享，也是一种快乐。如果某一天，有人，甚至许多人都认可了我自己的一些观察、记录与思考，岂不是更加幸福？所以，正是基于这样的想法，我不仅坚持着"研究"工作，也坚持把自己的"观察与思考的结果"出版。

（三）

不论是本书，还是我的生活与工作，我都收获了太多的关心与帮助！这是一种幸福的"负债"，也是我能够"野蛮生长"的依靠。

首先，要感谢家人，感谢家人的包容与支持！

其次，要感谢师友。浙江工商大学西湖学者古祖雪教授，中国人民公安大学曹诗权教授，中南财经政法大学黄玉烨教授、胡开忠教授，厦门大学法学院徐国栋教授、蒋月教授，华侨大学法学院刘超教授，《中国版权》杂志郑晓红编辑、常青编辑，集美大学庄丽榕书记、黄煜书记、陈开燕书记、郑秀坤书记、吴贵森教授、肖金发副教授、程国琴副教授、沈协博士，福建省监察委吴伟智先生，中国（福建）自贸区厦门片区市场监督管理局李春晖局长，福建国旷律师事务所郭燕清律师，北京盈科（厦门）律师事务所苏璐璐律师、林新律师……这个名单很长！

最后，感谢为本书出版做出了重要贡献的杨仲麟先生！

显然，我的文字是贫瘠的。如此贫瘠的文字无法充分表达我内心的感谢与敬意！以下文字我将始终铭刻于心：

茫茫人海，默默人生。感谢偶然相遇，感谢静默相知！走一路，念一路，梦一路；行一程，听一程，醉一程！一路行程，感谢有你！

罗施福

2021 年 5 月 31 日　星期一

于集美浔江畔